U0722445

小学大单元大观念
教学设计与实施

张华　陈武　姚燕涣　赵加永 / 编著

中国纺织出版社有限公司

图书在版编目（CIP）数据

小学大单元大观念教学设计与实施 / 张华等编著.
北京：中国纺织出版社有限公司，2025.5. -- ISBN
978-7-5229-2640-7

Ⅰ. G622.0

中国国家版本馆CIP数据核字第2025ZK2374号

责任编辑：李凤琴　　责任校对：李泽巾　　责任印制：储志伟

中国纺织出版社有限公司出版发行
地址：北京市朝阳区百子湾东里A407号楼　邮政编码：100124
销售电话：010—67004422　传真：010—87155801
http://www.c-textilep.com
中国纺织出版社天猫旗舰店
官方微博 http://weibo.com/2119887771
北京华联印刷有限公司印刷　各地新华书店经销
2025年5月第1版第1次印刷
开本：710×1000　1/16　印张：14.5
字数：213千字　定价：58.00元

序言
做数字时代的创生者

广州龙口西小学地处广州市天河区。这是一所经济高地上的优质公办小学，五个校区的学生加起来已超过 7000 人，教师人数也超过 400 人，肩负着改革创新的责任，承担着老百姓对高质量教育的要求。这样一所超大规模的小学，在陈武校长和她优秀的管理团队带领下，依靠锐意进取的精神、先进的教育科研和务实的改革举措，成长为一所让核心素养真正"落地"的卓越学校，引领着广州乃至全国的素养本位课程改革。

龙口西小学取得卓越成就的宝贵经验是：决不躺在既有成就的"功劳簿"和"舒适区"，而是张开双臂热情拥抱国家课程改革；既认真研究自己学校的既有改革实践与国家课程改革的符合之处，又敏锐洞察国家课程改革所提供的新方向和新机会，由此实现学校实践的创新性发展和国家课程改革的创造性实施的二合一。龙口西小学长期探索语文学科的"海量深阅读"并取得非凡成绩，在语文阅读的基础上拓展到"科学阅读"，并获得国家科学教育实验基地的荣誉，在学生阅读素养的基础上"嫁接"国家核心素养的理念、目标、内容和方法，由此将核心素养理念在每一门学科、每一个活动、每一个课堂上得到创造性实施。

我和我的博士生郭元勋在张海新老师团队的协助下，结合国家教育部《义务教育课程方案（2022 年版）》的颁布与实施，先对部分老师开设课程创生"工作坊"。所谓课程创生"工作坊"，就是在专业引领下，以教师共同体为主体实际创生课程的过程。在这里，教师培训和教师实际教学工作无缝衔接，也就是教师以合作的方式先把课程单元创生出来，然后在课堂上加以实施，用实施效果检验所创生的课程单元的有效性。在这里，教师由传统的

"教学工作者"转变为课程创生者和教学研究者。在部分教师先行探索的基础上，龙口西小学稳扎稳打逐步推广素养本位课程与教学。在时机成熟以后，将全体老师集中在华南师范大学附属中学的体育馆，我和郭元勋以及张海新老师的团队利用暑假中法定教师培训时间，对近 500 名教师进行了超大规模"工作坊"培训，由此将素养本位课程与教学在整个龙口西小学"全覆盖"实施。这本小书就是老师们众多实践成果的一个缩影。

所谓素养本位课程与教学，就是让学生在课堂上用学科思维、学科理解及相应知识技能做事和创造的课程与教学。它彻底改变"在课堂上学知识、到社会上用知识"的先学习、再应用的"学用两张皮"现象，真正走向用中学、做中学、创中学、合作中学。这样，学生就从课堂上的静听者，转变为课堂上的工作者；教师就从讲授者，转变为帮助学生做事的"流动的教练"和专家。由于学生的生活情境不一样，学生在课堂上做的"事"也必然不一样，这样，教师就必须在课前先把学生要做的"事"设计出来，教师就从传统拿着教科书和"教学参考书"上课的人，转变为课程创生者。教科书不是课程，课程标准也不是课程，广大教师以集体合作的方式持续创生的课程单元，才是课程。

学生在课堂上完整做事，在做事中运用知识、技能与观念，由此发展做事能力、产生自己的精彩观念，这就是"素养本位课堂"。为此，本次课程改革提出了一个以"设计思维"为核心的教学设计框架，它由"大主题""大情境""大观念""大任务""大单元"所构成。在这里，"大"的涵义是"强而有力、可迁移"，"大"不是量的扩展，而是质的提升。

"大主题"即"概念性主题"，是对课程内容整合后形成的单元主题，这些主题是学科的典型内容，既满足学生和教师的探究兴趣，又具有探究的可行性，学生能够从多方面展开探究。为了让学生完整做事，体现学生发展的连续性，一门课程一个学期一般设计 4 个左右的单元主题。

"大情境"是每一个人置身其中的共同生活情境，是学科知识的"发源地"、学生学习的"意义场"，包括自然、社会、自我"三大维度"，每一维度又细分为 2~3 个领域。使单元主题回到一个生活维度、一个生活领域中，目的是使单元主题的探究意义更聚焦、更深入。

"大观念"是学生探究单元主题所运用的"核心概念"及学生可能形成的"概念性理解"。人是观念存在，人运用概念去认识世界的过程就是思维过程，当学生形成了带得走的自己的"大观念"，就形成了解决复杂问题的核心素养。

"大任务"是学生将知识、技能和观念运用于校外情境、解决真实问题后所形成的产品或表现过程，它是"大观念"的外部表现，是在情境中表现出来的核心素养。由于人的观念、理解、思想不能传递，学生只能在完成探究任务的过程中亲身获得，素养、智慧可学不可教。"大任务"既是课程形态，又是教学过程，还是评价方式，设计并实施了"大任务"就做到了课程、教学、评价的一体化。"大任务"包括两类：一是一个单元结束后学生完整做成的"事"即"总任务"，二是学生在平常课堂上逐步完成的具有累积性和生成性的"子任务"。

由于学生"大观念"的形成需要时间，一个内容值得学就必须持续学，因此素养本位教学要求单元整体教学，即"大单元教学"。"大单元"包括相互联系、不可或缺的两类设计：一是单元整体设计，二是探究任务设计，前者是"见森林的设计"，后者是"见树木的设计"，既见森林、又见树木是素养本位教学设计的内在要求。"大单元"是形成"大观念"、发展核心素养的必要条件，是对"课时计划"、"课时主义"教学的根本超越。

"大主题""大情境""大观念""大任务""大单元"呵成一气、五位一体，就形成素养本位教学设计的基本样态，目的是让学生在课堂上做成事、产生思想。老师们想想，如果学生在一个学期，一门课程学4个单元、做成4件事，6门课程就能做24件事，一学年就差不多做成50件事，12学年就能做成600件事，这和学生做12年"作业"和"试卷"相比，会有本质不同。人是可以塑造的，做了什么事就会成为什么样的人。天天做事就是"做事人"，也是创造者。咱们一起努力，通过让学生在课堂上做事，把眼睛摘下来，把创造力和责任心提上去，才是中国未来的希望。

总之，教师不是"现成课程"的传递者，而是课程创生者。教师对所教课程拥有"所有权"。教师创生课程的两个过程：一是以教师共同体的"集体备课"为组织方式，以"头脑风暴"为基本方法，完整开发出"课程单元"；

二是每一名教师根据自己的专业风格和学生的需要进一步转化为"自己的课程单元"。当每一名老师形成自己的"教师课程",每一所学校也就能够创造出体现自己学校文化的"校本课程",我国的基础教育就变成了世界上最绚丽、最壮观、最宏大的"课程花园"。

学生不是"现成知识"的接受者,而是自己知识的创造者。学生在课堂上通过完成探究任务而把所学习的知识重新创造出来,因而具有了知识的"所有权"。学生在课堂上创造知识,是发展核心素养的前提。

教师在创生课程中产生"教师理解",由此成为"观念型教师"。学生在创造知识中产生"学生理解",由此发展为"观念型学生"。这是素养时代的教育愿景。

本书是龙口西小学的老师们集体创生课程的部分案例,老师们看到这些案例以后,既可以根据自己学生的特点和需要创造性使用这些课程设计,也可以根据本书提供的小学大观念课程原理及相应的模板、工具设计新的课程单元。

衷心祝愿每一名学生创造着长大,成为数字时代负责任的创造者!衷心祝愿每一名教师创造着工作,在创造中享受职业幸福!

是为序。

杭州师范大学教育科学研究院院长、教授

2025 年春于上海

目录

contents

第一章

语文：奇妙的童话——
通过想象与创意，传递真善美

单元主题：奇妙的童话。

单元内容：部编版语文四年级下册第八单元。

单元大观念：童话创作不仅是文字艺术的展现，更承载着深远的教育
意义。作者通过想象与创意传递真善美。

单元大任务：举行新编故事发布会。

设计者：陈武、姚燕涣、杨静敏、张蓉晖、陈晓燕、罗晓明、林子燕、
黄凯琳。

一、单元内容分析

童话作为一种文学体裁，以其丰富的想象、曲折的情节和生动的形象深受儿童喜爱，但学生对于童话中作者是如何在奇妙的故事情节中，传递出真善美并不十分明了。通过学习本单元，学生不仅能提升阅读兴趣和想象力，在童话故事的熏陶下形成健康的人生观和价值观，还能成为一名故事新编作者，通过故事传递真善美。

在本单元，学生将在读者和作者两种身份之间切换。作为读者，阅读不同的童话，感受童话故事的奇妙与魅力，体会人物真善美的形象；作为作者，向同伴及老师分享他的新编故事，相互修改完善，让同伴看到他的成长过程。这个过程中，学生体会童话作家是如何创作的，这就是语文学习的专家思维。

二、单元整体设计思路

本单元属于"文学阅读与创意表达任务群"，"童话丰富的想象、曲折的情节和生动的形象"是文学审美的大观念，"文学创作"是语言运用的大观念。

学生通过阅读和想象感受文学语言和形象的独特魅力，获得个性化的审美体验；通过观察、感受自然与社会，表达自己独特的体验与思考，尝试创作文学作品。结合童话单元主题，拟定单元大观念——童话创作不仅是文字艺术的展现，更承载着深远的教育意义。

本单元的大任务设计为举行新编故事发布会。本单元采用"探究—发现—运用"为核心教学策略，学生通过文本的阅读与鉴赏，体会童话的奇妙和真善美的人物形象，并进行文学创作，为新编故事发布会做准备。

"奇妙的童话"大单元·大观念教学导图如图1-1所示。

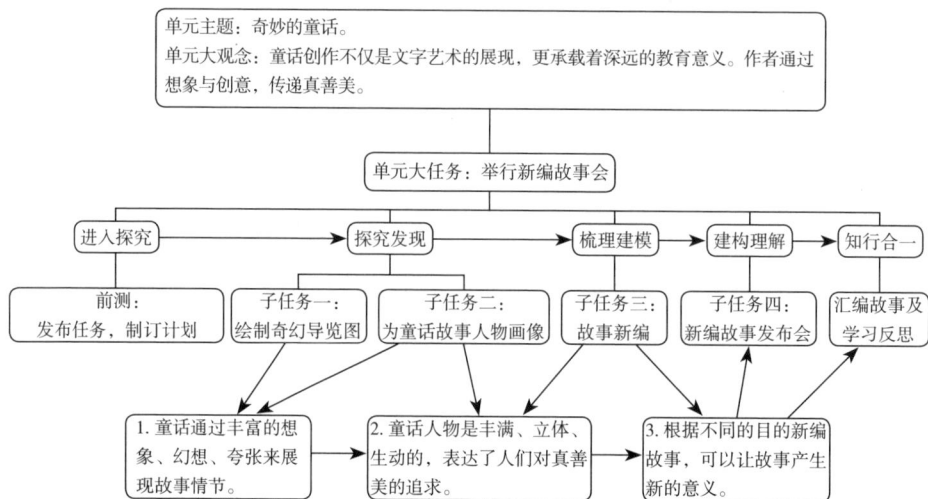

单元主题：奇妙的童话。

单元大观念：童话创作不仅是文字艺术的展现，更承载着深远的教育意义。作者通过想象与创意，传递真善美。

单元大任务：举行新编故事会

进入探究 → 探究发现 → 梳理建模 → 建构理解 → 知行合一

前测：发布任务，制订计划

子任务一：绘制奇幻导览图

子任务二：为童话故事人物画像

子任务三：故事新编

子任务四：新编故事发布会

汇编故事及学习反思

1.童话通过丰富的想象、幻想、夸张来展现故事情节。

2.童话人物是丰满、立体、生动的，表达了人们对真善美的追求。

3.根据不同的目的新编故事，可以让故事产生新的意义。

图 1-1 "奇妙的童话"单元教学导图

三、单元整体教学设计（表 1-1）

表 1-1 单元整体教学设计

（一）单元基本信息			
单元主题	主题名称	三大维度	六大领域
	奇妙的童话	自我维度	我如何表达自己
教材内容	涉及教材内容	部编版语文四年级下册第八单元《宝葫芦的秘密》（节选）《巨人的花园》《海的女儿》		
	对应的课程标准	【阅读与鉴赏】 1.能联系上下文，理解词句的意思，体会课文中关键词句表达情意的作用 2.能初步把握文章的主要内容，体会文章表达的思想感情 3.能复述叙事性作品的大意，初步感受作品中生动的形象和优美的语言，关心作品中人物的命运和喜怒哀乐，与他人交流自己的阅读感受 【表达与交流】 1.乐于用口头、书面的方式与人交流沟通，愿意与他人分享，增强表达的自信心 2.观察周围世界，能不拘形式地写下自己的见闻、感受和想象，注意把自己觉得新奇有趣或印象最深、最受感动的内容写清楚 【梳理与探究】 学习组织有趣味的语文实践活动，在活动中学习语文，学会合作 【文学阅读与创意表达】 阅读富有想象力和表现力的儿童文学作品，欣赏富有童趣的语言与形象，感受纯真美好的童心，学习用口头或者图文结合的方式创编儿童诗和有趣的故事，发展想象力		

学科 概念	跨学科概念：形式、关系、变化
	学科概念：体裁、故事情节、人物形象、主题思想、想象、阅读鉴赏、自我表达

探究 问题	事实性问题：什么是人物形象？
	概念性问题： 1. 童话故事奇妙在哪？作者是如何描述的？ 2. 作者如何塑造一个丰满、立体、生动的童话人物来表达真善美？ 3. 你为什么要新编这个故事？如何才能使这个新故事更有趣、更能打动人？
	辩论性问题：无

（二）单元学习目标

大观念【U】	新知识【K】	新能力【D】
童话创作不仅是文字艺术的展现，更承载着深远的教育意义。作者通过想象与创意传递真善美	1. 掌握生字词、多音字的读写，朗读课文 2. 对比阅读，边读边想象，感受童话的奇妙 3. 借助人物语言、动作、神态以及环境描写，体会人物真善美的形象 4. 理解故事改编的目的，使故事产生新意义	1. 思辨能力：领悟童话人物形象所蕴含的对美好生活的期望和追求，以及其如何传递真、善、美的 2. 创编能力：展开丰富的想象，创编童话故事 3. 交流能力：在课堂讨论中清晰而有条理地表达自己对童话的理解，同时倾听他人的想法

（三）单元学习评价证据

表现性评价任务	举办"新编故事发布会"				
	目标	**角色**	**受众**	**情境**	**作品**
	综合运用本单元所学的童话知识创编故事	作者	读者	为庆祝"六一儿童节"，举办新编故事发布会	新编故事集
	学习引导语： 　　童话是五彩斑斓的梦，是心中那片永不褪色的彩虹。亲爱的同学们，为庆祝"六一儿童节"，我们将举办新编故事发布会。同学们可将童话梦想化为文字，创作新编故事，并在发布会上展示。想象一下，在舞台上生动讲述故事，吸引听众，将是多么振奋的时刻！赶快行动，让创意和才华在发布会上绽放！期待这场童话盛宴，共同见证同学们的创意与才华

表现性任务评价量规	新编故事发布会评价量规			
	超出成功标准	**满足成功标准**	**接近成功标准**	**远未达到成功标准**
	除成功标准中所列出的基本要求外，还包括： 　1. 新编故事具备独特创意，情节连贯、完整，人物丰满立体，能传递真善美 　2. 语言表达生动流畅，吸引观众，能解答观众的问题并积极与观众互动交流	1. 展开丰富的想象，创编新故事 2. 故事情节奇妙有趣 3. 人物形象具有真善美的品质 4. 恰当运用多种描写方法推动故事情节发展	满足成功标准所列出的其中三项基本要求	未满足成功标准所列出的其中两项基本要求

其他评估证据	故事新编提纲或思维导图、阅读计划、读书笔记、小练笔、情节导览图、奇妙探寻表、童话人物画像、习作等			

（四）单元学习探究设计

	任务名称	学科概念	子观念/单元大观念	课时
结构化子任务	发布单元任务与前测	/	/	3
	子任务一：绘制奇幻导览图	体裁、故事情节、阅读鉴赏	童话通过丰富的想象、幻想、夸张来展现故事情节	3
	子任务二：为童话故事人物画像	人物形象、主题思想、阅读鉴赏	童话人物是丰满的、立体的、生动的，表达了人们对真善美的追求	3
	子任务三：故事新编	自我表达、主题思想、想象	根据不同的目的新编故事，可以让故事产生新的意义	3
	子任务四：新编故事发布会			2
	汇编故事及学习反思	/	童话创作不仅是文字艺术的展现，更承载着深远的教育意义。作者通过想象与创意传递真善美	2

四、探究活动设计

发布单元任务与前测

【学习要点】 激趣、发布任务、进行前测、制订计划、基础积累。

【学习活动】

活动一：激趣——走进童话世界

（1）导入：播放一段经典的童话故事的插画或动画片段。

老师提问："你们知道这是哪个童话故事吗？你为什么喜欢这个故事？"

引导学生分享自己对童话的初步印象和喜爱原因。

（2）分享：鼓励学生轮流上台分享他们最喜欢的童话故事。

老师提问："你读过哪些童话？为什么这些童话吸引你？"

引导学生从故事内容、角色、情节、寓意等多角度分享。

活动二：发布任务

（1）创设情景：为庆祝"六一儿童节"，班级将进行新编故事发布会。

（2）明确任务：选取一个经典故事，进行新编。

（3）明确评价标准：师生共同制定评价标准。

活动三：进行前测，生成计划

1.故事构思与提纲拟写

（1）引导：你打算如何创编一个故事？

（2）指引：教师提供一些创作故事的技巧与方法，如如何构建故事框架、人物设定、情节发展等。

（3）分享：邀请几名学生分享他们的故事构思，师生共同给予反馈和建议。

（4）思考：学生根据教师的引导，开始思考自己的故事主题和框架。

（5）构思：学生独立或小组合作构思故事，并拟写提纲或绘制写作思维导图。

2.前测与问题收集

（1）提问："在编写故事过程中，你认为会遇到哪些困难？""为了创作精彩的故事，你认为需要哪些知识或技能？"

（2）思考：学生思考并回答教师提出的问题，明确自己在故事创作中可能遇到的难点，整理成问题清单。

（3）讨论：在小组内分享自己的问题和困惑，相互讨论并尝试提出解决方案。

3.生成单元学习计划，形成问题墙

（1）思考：学生根据问题清单，思考如何在接下来的学习中解决这些问题。

（2）讨论：学生进行小组讨论，提出解决问题的方案，共同生成单元学习计划。

（3）表达：学生代表小组分享学习计划中的关键点，全班共同讨论和修改。

（4）归纳：教师将学生生成的单元学习计划归纳总结，形成最终版的学习计划。

（5）布置：教师准备一块空白墙面或黑板，用于展示学生的问题。

（6）引导：鼓励学生将自己在故事创作中遇到的问题写在便签纸上，贴在"问题墙"上。

（7）张贴：将便签纸贴在"问题墙"上，形成一个直观的问题展示区。

活动四：单元整体感知

1.初读本单元课文

2.初步了解课文主要内容

【设计说明】

　　单元学习一开始，学生就明确了任务：举行"新编故事发布会"，汇编故事集。每名学生需要用心创作，用情讲述，传达奇妙故事情节中人物的真善美品质。

　　"新编"二字打开了学生记忆的闸门，大家列举很多读过的有趣故事，情感被调动了。学生自选了最感兴趣的故事，尝试根据以往经验，构思故事，拟写新编故事的提纲或写作思维导图。而"新编"一词一开始就对学生提出挑战，学生需要思考原故事中作者的写作目的是什么？原故事如何展开丰富的想象？如何才能将故事情节写得奇妙有趣？如何表达人物形象的真善美？困惑指向的就是单元最核心的问题：如何通过想象与创意传递真善美。师生一起列出成功标准和需要学习的知识，勾勒学习过程。

子任务一：绘制奇幻导览图

【学习目标】

　　子观念：童话通过丰富的想象、幻想、夸张来展现故事情节。

　　新知识：对比阅读，边读边想象，感受童话的奇妙。

　　新能力：展开丰富的想象，创编童话故事。

【探究问题】

　　童话故事奇妙在哪里？作者是如何描述的？

【学习活动】

　　活动一：探究《海的女儿》的神奇

　　（1）学生自主阅读《海的女儿》，使用自己喜欢的方式，如思维导图来梳理故事的主要情节。教师指导学生如何有效地提取关键信息，构建情节框架。

（2）这个童话故事奇妙在哪里？作者是如何描述的？使用奇妙探寻表展开探索（表 1-2）。

表 1-2　奇妙探寻表

奇妙之处（观点）	举例说明（证据）	我的发现（启发）

活动二：交流发现

（1）学生根据小组讨论的结果，进一步完善自己的奇妙探寻表，特别是"我的发现（启发）"部分。

（2）每名学生向全班展示自己的探究结果，包括观点、证据和启发。其他同学可以提问或发表不同意见，形成积极互动的课堂氛围。

（3）教师引导学生总结童话故事中常见的文学手法（如想象、幻想、夸张等）对展现故事情节的作用。

活动三：迁移运用

（1）学生运用学习《海的女儿》的方法，自主阅读《宝葫芦的秘密》和《巨人的花园》。

（2）在阅读过程中，注意分析故事中的想象和幻想元素，以及它们对故事情节的推动作用。

（3）学生根据阅读体会，修改和完善之前关于这两个故事的写作提纲或思维导图，确保提纲或思维导图能够清晰地展现故事的主要情节和奇妙之处。

【设计说明】

"绘制奇幻导览图"的教学，以本单元中想象最奇妙的《海的女儿》一文为例探究童话的神奇之处。在学习过程中，我们借助情节梳理图和奇妙探寻表这两个思维工具架设了自主的探究思路。通过对故事情节的梳理，探寻童话故事的奇妙之处，引导学生感受到作者的丰富想象，为学生完成子任务一提供了帮助，使其生成了"童话通过丰富的想象、幻想、夸张来展现故事情节"的概念性理解。

子任务二：为童话故事人物画像

【学习目标】

子观念： 童话人物是丰满的、立体的、生动的，表达了人们对真善美的追求。

新知识： 借助人物的语言、动作、神态描写，体会人物真善美的形象。

新能力：

（1）领悟童话人物形象所蕴含的对美好生活的期望和追求，以及这些人物形象是如何传递真、善、美的。

（2）展开丰富的想象创编童话故事。

【探究问题】

作者如何塑造一个丰满、立体、生动的童话人物来表达真善美？

【学习活动】

活动一：为巨人画像

（1）提出探究问题：作者如何塑造一个丰满、立体、生动的童话人物来表达真善美？看看能不能从王尔德身上得到启发。

（2）学生默读《巨人的花园》，找出巨人的心理、动作和语言的描写，把关键词记录在学习单上（图1-2）。

原来的巨人　　　　　现在的巨人

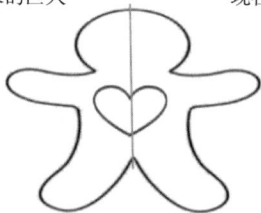

通过对比，我发现：＿＿＿＿＿＿＿＿＿＿
＿＿＿＿＿＿＿＿＿＿＿＿＿＿＿＿＿＿
＿＿＿＿＿＿＿＿＿＿＿＿＿＿＿＿＿＿

图1-2 "为巨人画像"学习单

（3）画廊漫步：小组讨论，互相学习，好的地方打星号，有疑问的地方打问号。

（4）小组代表发言，与台下学生互相补充交流。

（5）学生汇报：过去我认为……现在我认为……

活动二：为王葆和海的女儿画像

（1）学生默读《宝葫芦的秘密》《海的女儿》，划出关键语句。

（2）学生利用以下思维工具为王葆和海的女儿画像（表1–3）。

表1–3　我为_____画像

人物性格特点（观点）	事例（证据）	我的发现（启发）

（3）画廊漫步，小组互相交流、补充、点赞。

活动三：修改原来故事新编的提纲

（1）作者想要通过童话中的人物表达什么？对你新编故事有什么启发？

（2）学生用不同颜色的笔修改习作提纲或思维导图。

（3）学生互相交流：作家是怎么创作的，学习了大作家的方法，加入了对比、环境描写之后，有没有突出童话主题？有何启发？

（4）学生完善习作思维导图或提纲。

（5）学习汇报：运用“过去我认为……现在我认为……”反思工具汇报。

【设计说明】

在本任务的学习中，学生开始思考如何塑造一个丰满、立体、生动的童话人物来表达真善美，教师借助人物画像图表这一思维工具，引导学生为巨人画像。接着采用1+N的方式（即精读一篇，余下的N篇用同样的方法自主学习），学生利用人物画像图表为本单元自己喜欢的童话人物画像，从中收获新编故事的启示：可以通过环境、人物的对比描写来塑造人物，表达真善美，并完善原来的习作思维导图。至此，学生生成了“童话人物是丰满、立体的、生动的，表达了人们对真善美的追求”这一概念性的理解。

子任务三：故事新编

【学习目标】

子观念：根据不同的目的新编故事，可以让故事产生新的意义。

新知识：理解故事改编的目的，使故事产生新的意义。

新能力：展开丰富的想象，创编童话故事。

【探究问题】

你为什么要新编这个故事？如何才能使这个新编的故事更有趣，更能打动人？

【学习活动】

活动一：完成新编故事的习作

（1）学生汇报后根据习作思维导图独立完成习作，期间教师巡视指导，解答学生疑问。

（2）学生完成初稿后，进行自我评价，思考自己的故事新编是否达到了习作要求。

活动二：全班讨论探究问题

（1）出示探究问题：你为什么要新编这个故事？如何才能使这个新编的故事更有趣、更能打动人？

（2）引导全班交流，理解子观念。

活动三：相互修改习作

（1）漂流瓶互评：学生将自己的习作放入"漂流瓶"（表1-4），随机传递给其他同学进行评价。评价依据是教师提供的评价量规，重点关注故事改编的创意、情节发展、人物塑造等方面。

表1-4 "漂流瓶"评价表

评价项目	评价标准	评星
故事创意	改编是否具有独特性和新颖性，是否能够吸引读者的注意力	★★★
情节发展	故事情节是否连贯合理，是否具有吸引力，是否能够推动故事发展	★★★
人物塑造	人物形象是否鲜明生动，性格特点是否突出，是否能够引起读者共鸣	★★★
语言表达	语言是否流畅自然，用词是否准确生动，是否有独特的表达风格	★★★

（2）反馈交流：收到评价后，学生认真阅读评语，并在小组内分享自己的感受和收获。同时，针对评价中提出的建议，讨论如何进一步完善自己的习作。

活动四：完善习作

（1）展示分享：选取几篇优秀的新编故事进行全班展示，由作者朗读并简要介绍自己的创作思路和改编过程。其他同学认真聆听，并可提出自己的见解或感受。

（2）总结反思：教师引导学生回顾整个学习过程，总结故事改编的技巧和注意事项。同时，鼓励学生反思自己的学习过程，提出改进意见。

【设计说明】

在学生动笔创作故事前，教师引导学生思考：为什么要新编这个故事？如何才能使这个新编的故事更有趣，更能打动人？学生寻找童话单元中打动自己的地方，如写法、作者目的等方面，形成文本分析思路，实现从感性到理性的升华，形成方法论指导新编故事的写作。

根据评价量规，用"漂流瓶"方式相互修改习作。学生在小组内彼此分享习作和创作过程，交流心得和收获，并根据同伴的反馈和讨论结果，进一步完善习作。

子任务四：新编故事发布会

【学习目标】

大观念：童话创作不仅是文字艺术的展现，更承载着深远的教育意义。作者通过想象与创意传递真善美。

新知识：

（1）童话通过丰富的想象、幻想、夸张来展现故事情节。

（2）童话人物形象是丰满、立体的、生动的，表达了人们对真善美的追求。

（3）作者根据不同的目的新编故事，可以让故事产生新的意义。

新能力：在课堂讨论中清晰而有逻辑地表达自己对童话的理解，同时倾听他人的想法。

【探究问题】

为什么要新编这个故事？如何才能使这个新编的故事更有趣、更能打动人？

【学习活动】

活动一：回顾本单元的学习过程

（1）教师播放单元学习活动的视频、照片，师生一同回顾前阶段的学习过程。

（2）学生分享单元学习过程中的感受。

活动二：现场发布会

（1）布置会场：将新编故事以画廊形式布置，营造浓厚的展示氛围。

学生角色：每名学生既是听众也是创编者、分享者，通过不同角色体验，加深对故事改编的理解。

（2）每名学生根据评价量规（表1-5）轮流分享自己的新编故事，讲述改编的初衷、过程和感受。

表1-5　新编故事发布会评价量规

超出成功标准	满足成功标准	接近成功标准	远未达到成功标准
除成功标准中所列出的基本要求外，还包括： 1. 新编故事具备独特创意，情节连贯、完整，人物丰满立体，能传递真善美 2. 语言表达生动流畅，吸引观众，能解答观众的问题并积极与观众互动交流	1. 展开丰富的想象，创编新故事 2. 故事情节奇妙有趣 3. 人物形象具有真善美的品质 4. 恰当运用多种描写方法推动故事情节发展	满足成功标准所列出的其中三项基本要求	未满足成功标准所列出的其中两项基本要求

（3）互动交流：听众需认真倾听，可提出质疑或分享自己的观点，形成积极的交流氛围。

（4）教师适时引导，鼓励学生之间的思想碰撞和深度对话。

活动三：反思、总结

（1）学生填写4C表（表1-6），反思自己在整个活动过程中的表现，包括思维过程、创意亮点、沟通技巧和团队合作等方面。

表 1-6　思维可视化工具 4C 表

联系 （通过阅读他人的习作结合自己的习作，谈感受）	质疑 （你还有什么疑惑？）	观点 （如何新编故事？）	变化 （过去我认为……现在我认为……）

（2）小组内分享 4C 表，相互评价和学习，共同提升。

（3）教师总结本次活动的亮点与不足。

（4）评价激励：教师对学生的表现给予积极评价，肯定他们的努力和成果。同时，可以设立奖项表彰优秀作品和积极参与的学生，激发他们的学习热情和创造力。

【设计说明】

如何让学生真正体会像作家一样创作？对作者来说，获得读者共鸣是最大的激励。单元最后一课，我们举行了"新编故事发布会"，发布会能够为学生提供一个展示自己才华的平台，让他们在分享中感受到创作的乐趣和成就感。分享和交流有助于学生在相互学习中获得新的启示和灵感，提升创作水平。

小组商定发布会方案，将新编故事以画廊漫步形式展示，供读者自由阅读。每名学生化身听众、创编者、分享者，建构理解，在此过程中学生借助 4C 表反思、总结，分享阅读和创作的感受与变化，从中对本单元大观念获得进一步的理解。

汇编故事及学习反思

【学习要点】

（1）整理汇编新编的故事，形成故事集。

（2）单元学习总结和反思。

【学习活动】

1. 小组讨论，根据主题设计封面、目录

（1）分组讨论主题：小组成员分享自己对主题的理解，并讨论如何通过设计表达主题。

（2）头脑风暴：集体讨论设计封面和目录的初步创意，包括颜色、图案、文字等。

（3）绘制草图：根据讨论结果，各小组开始绘制封面和目录的草图，可以手绘或使用设计软件。

（4）初步设计：小组成员分工协作，完成封面和目录的初步设计。

（5）修改与完善：小组成员检查设计是否符合主题，是否具有创意和美观，对设计进行修改和完善。

2.整理汇编，形成故事集

（1）故事收集整理：引导学生对作品按照主题、情感、创意等维度进行分类。

（2）排版编辑：学生对故事进行初步排版，如封面设计、内页布局、插图选择。

（3）校对制作：在故事集完成初稿后，进行全面校对审核，可以将故事集制作成纸质版和电子版。

【设计说明】

汇编故事集能够让学生看到自己的作品被收录在书中，增强成就感和自信心。团队合作和编辑整理过程能够培养学生的协作精神和编辑能力，提升语文实践能力。

五、教学反思

教前反思

1.基于教学目标的反思

本单元的学习聚焦于童话，其核心目标在于引领学生理解"童话创作不仅是文字艺术的展现，更承载着深远的教育意义，作者通过想象与创意，传递真善美"这一大观念。回顾三年级上册第三单元，学生已经初步感受到童话的丰富想象力和创作乐趣，并尝试自己编写童话。本单元更侧重培养学生对童话奇妙之处的感知能力，以及鼓励他们根据个人的创作意图来构建新的故事世界，进而丰富和发展童话的内涵。通过本单元的学习，学生将学习如何根据自己的创作目的来新编故事，从而在创作过程中赋予故事全新的意义。

2.基于学情的反思

在童话学习的过程中，学生能够独立、全面地理解并掌握文章的主旨大意。他们通过细致分析文本的环境描写、故事情节和人物形象，初步了解如对比等写作方法。然而，当涉及深入体会和理解作者所要表达的思想感情，以及从文本中提取与情感内容相关的隐含信息时，学生通常需要得到教师的专业指导和帮助。

值得一提的是，学生在三年级的童话学习过程中已经了解常见的阅读方法，可以概括文本主要内容，初步感受人物形象。然而，在创作方法的认知上，他们仍然处于起步阶段，需要进一步指导和练习来深化理解。

中期反思

针对学生的兴趣与疑问，我们如何回应以支持学生的自主探究？

在深入探究文学作品时，许多学生最初聚焦于故事的情节。然而，通过聆听其他同学的见解以及教师的点拨，学生逐渐调整了他们的欣赏视角。这一现象让我们清楚地知道，学生尚未充分意识到文学动人的主题，而这正是当前单元学习需要特别强调和构建的核心概念。通过这一过程，我们期望学生能够更加全面地理解和欣赏文学作品的深层次内涵。

教后反思

1.我们的教学策略在多大程度上帮助学生理解？

我们致力于为学生创设一个具有真实情境的学习环境，并以此为任务驱动，鼓励学生积极参与。在这个过程中，教师和学生共同制订学习计划，确保教学紧密围绕学生的真实问题和需求展开。通过引导学生进行探究学习，我们旨在帮助他们解决在完成任务的过程中遇到的困难。我们尊重学生的主体地位，把选择权和发言权交给学生，这极大地激发了他们的内在动力。当知识在真实情境中得以应用并变得有意义时，学生真正实现了"在做中学"的目标，并在实践和探究的过程中形成深刻的概念性理解。

在学习中，我们为学生提供明确的思维路径和文本分析思路。为了使学生更直观地理解和运用这些思维方法，我们还提供如奇妙探寻表、人物画像图表、写作提纲、4C表等思维可视化工具。这些工具不仅有助于学生梳理思路，还能促进他们形成更为系统和深入的分析能力。

文本分析模型是一个有效的学习工具，它能帮助学生总结分析思路，进行文本分析思维建模，从而引导他们深度分析文本，形成类似于专家的思维模式。而 4C 表则从更高的维度为学生提供文本学习的思维路径，帮助他们构建更为全面和深入的学习框架。

在合作学习方面，我们重视小组合作和师生合作。每次分组都是经过精心安排的，包括同质、异质小组的设置，以及小组数量和人员数量的合理搭配。这种有效的分组策略有助于学生在合作中相互学习、共同进步，并促进他们形成更为深入的概念性理解。

2. 哪些主要证据证明学生发展了对"KUD"的理解？

一是学生通过两周学习，最终进行了新编故事的发布会，并将新编故事汇编成集。大任务就是对大观念理解的可视化呈现。而大观念的理解是通过完成一个个子任务逐步建构起来的，我们选择了在这个过程中最重要的新编故事发布会作为表现评估。评估标准是与学生讨论后共同生成的，习作正文是对概念性理解在行动上的诠释，直接证明了学生对"KUD"的理解。

二是元认知的评估在整个学习过程中起至关重要的作用。特别是利用 4C 表中的"变化"部分，学生会被鼓励以"过去我认为……现在我认为……"这样的句式来表达自己学习后的理解。这种自我反思的方式能够直观地展示学生概念构建的过程，从而证明他们对"KUD"的理解是如何逐步深化的。

三是形成性评估也是衡量学生对"KUD"理解程度的重要手段。这种评估方式贯穿于学习的任何阶段，无论是课堂交流、同学之间的反馈，还是文本分析练习等过程性学习活动，都能够对学生的学习情况进行及时记录和反馈。这些记录同样能够反映学生对"KUD"的理解程度，以及他们在学习过程中所取得的进步。

第二章

语文：畅享西游之旅——
启迪心灵与智慧的典范

单元主题：畅享西游之旅。

单元内容：部编版语文五年级下册"快乐读书吧"版块。

单元大观念：经典文学作品借助构建多维、立体的人物形象和编织错
综复杂且逻辑严密的情节，不仅反映深厚的历史文化底
蕴，而且能够触动读者的内心，启迪我们的心灵与智慧。

单元大任务：《西游记》阅读分享会。

设计者：陈武、姚燕涣、张英、郑海娟、陈澈、陈远春。

一、单元内容分析

中国古典名著是中国文学乃至世界文学的典范，是语文学习中不可或缺的一个重要组成部分。中国四大名著之一《西游记》以其典型的人物形象和引人入胜的情节设计吸引着一代又一代读者。本次课程内容选自部编版语文五年级下册"快乐读书吧"——读古典名著，品百味人生。"快乐读书吧"的设置是学生课内外阅读的重要桥梁，旨在激发学生课内外阅读的兴趣，提高语文素养。

传统教学中关于《西游记》的整本书导读大多停留于故事梗概的了解、主要人物的介绍、精彩情节的剖析，对于体会古典名著的魅力，感受古典名著的文化底蕴和精神内涵往往缺乏更加深入的引导，学生对于阅读经典文学的意义也缺少认识。

在本次课程中，每名学生将赋予三重身份，即读者、研究者、分享者，历经系列学习活动获得"古典名著往往蕴含丰富的历史文化内涵，能够跨越时空被广泛传颂。阅读名著可以启迪我们的心灵与智慧"的概念性理解。

二、单元整体设计思路

从课程内容来看，本单元主题属于"整本书阅读"学习任务群，新课标对本学习任务群明确指出，引导学生在语文实践活动中，根据阅读目的和兴趣选择合适的图书，制订阅读计划，综合运用多种方法阅读整本书；借助多种方式分享阅读心得，交流研讨阅读中的问题，积累整本书阅读经验，养成良好阅读习惯，提高整体认知能力，丰富精神世界"的教学理念。

由此，我们把理解推向了超越文本的大观念——经典文学作品借助构建多维、立体的人物形象和编织错综复杂且逻辑严密的情节，不仅反映深厚的历史文化底蕴，而且能够触动读者的内心，启迪我们的心灵与智慧。

本单元的大任务设置为：举办阅读分享会。学生选择感兴趣、有意义的研究主题，针对主题能够进行深入研读并取得成果。围绕选题，选择适合的表达方法，清晰有条理地进行阅读汇报，并能在分享时对听众的点评做出回应，解答听众的疑惑。

本单元的核心教学策略是从形式、创造、审美三个超学科概念出发，深入探究《西游记》中的人物、情节和历史文化内涵以及精神价值，以此选择感兴趣的主题，完成的读书报告的撰写并为开展阅读分享会做准备。

"畅享西游之旅"大单元·大观念教学导图如图 2-1 所示。

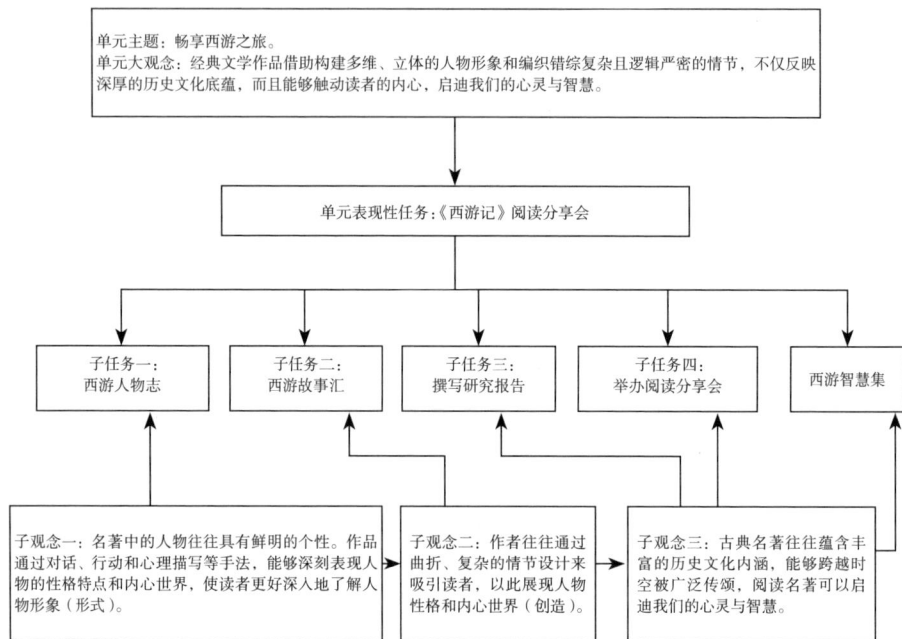

图 2-1 "畅享西游之旅"单元教学导图

三、单元整体教学设计（表 2-1）

表 2-1 单元整体教学设计

（一）单元基本信息			
单元主题	主题名称	三大维度	六大领域
	畅享西游之旅	自我维度	我如何表达自己

教材内容	涉及教材内容	部编版语文五年级下册第二单元
	对应的课标标准	引导学生在语文实践活动中，根据阅读目的和兴趣选择合适的图书，制订阅读计划，综合运用多种方法阅读整本书；借助多种方式分享阅读心得，交流研讨阅读中的问题，积累整本书阅读经验，养成良好阅读习惯，提高整体认知能力，丰富精神世界

学科概念	跨学科概念：形式、创造、审美
	学科概念：阅读策略、体裁、文学形象、情节、鉴赏、自我表达

探究问题	事实性问题： 1. 章回体小说有什么特点？（体裁、风格、情节、交流） 2. 唐僧师徒取经有多艰难？（交流、情节） 3. 孙悟空经历了哪些历练，有什么成长？（变化、情节）
	探究性问题： 1.《西游记》中人物众多，你最喜欢的人物有哪些特点？为什么？ 2. 在取经之路上，给你留下深刻印象的故事是怎样的？作者是如何描述的？ 3.《西游记》的阅读引发你哪些思考？我们如何从中汲取智慧以指导我们的生活和决策？
	辩论性问题：无

（二）单元学习目标

大观念【U】	新知识【K】	新能力【D】
经典文学作品借助构建多维、立体的人物形象和编织错综复杂且逻辑严密的情节，不仅反映深厚的历史文化底蕴，而且能够触动读者的内心，启迪我们的心灵与智慧。	1. 能交流、总结阅读古典名著的基本方法。根据回目能大致了解故事的内容 2. 了解名著中塑造的各类人物形象 3. 能把握小说的主要情节，体会取经的艰难，感受古典名著的魅力 4. 撰写阅读研究报告，需要进行深入的阅读实践和主题探究	1. 阅读能力：领悟作品主旨，领悟表达方式，做出审美评价 2. 研究能力：读《西游记》后，能提出问题，搜集整理资料来推动这一探究 3. 批判性思维能力：能够将阅读《西游记》后产生的问题分成更小的部分，追根溯源，分析因果，采用画像等形式形成可视化的思考和梳理 4. 信息交流能力：能分享自己的阅读研究成果，倾听并表达自己对他人阅读研究报告的理解和评价，阅读分享会

	（三）单元学习评价证据
表现性评价任务	**举办《西游记》阅读分享会**

目标	角色	受众	情境	作品
深入研究《西游记》，选择感兴趣、有意义的问题开展探索，并用适当的方式与观众分享	《西游记》研读者	本校师生	4月23日是世界读书日。本班将开展《西游记》阅读探究活动，并设计有创意的阅读成果展示会。你需要进行深入的阅读实践和主题探究，最后选择用自己喜欢的形式与大家分享阅读成果	西游智慧集

学习引导语：

4月23日是世界读书日。学校以此为契机，开展主题为"阅读点亮心灵，智慧引领未来"的阅读活动。我们在学校主题引领下将开展古典名著《西游记》整本书阅读探究活动，并开展阅读分享会

读了《西游记》后，你应该能够发现些什么，可以提出问题来推动这一探究。通过深入的阅读实践和主题探究，你和小组同学要合作完成一份阅读研究报告，并选择用你们喜欢的形式，在班级阅读分享会上与大家分享阅读研究成果

	阅读分享会评价量规			
表现性任务量规	超出成功标准	满足成功标准	接近成功标准	远未达到成功标准
	除成功标准中所列出的基本要求外，还包括： 1.能从书中挖掘有价值、有意义的问题，进行深入研读 2.语言表达充分吸引观众，能和听众积极互动	1.阅读《西游记》，选择感兴趣、有意义的研究主题深入思考，查阅并整理资料，用上充分的证据表达观点 2.能围绕研究主题，选择自己喜欢的表达方法，清晰有条理地进行阅读研究成果分享，能在分享时对听众的点评做出回应，解答听众的疑惑	1.阅读《西游记》，选择感兴趣的研究主题，查阅并整理资料，得出结论 2.能围绕研究主题，选择自己喜欢的表达方法，清晰有条理地进行阅读研究成果分享	未满足成功标准所列出的其中两项基本要求

其他评估证据	围绕表现性任务，在开展系列的学习活动过程中产生学习成果。例如，阅读计划、读书笔记、小研究、习作、汇报PPT等

		（四）单元学习探究设计		
	任务名称	学科概念	子观念	课时
结构化子任务	子任务一：西游人物志	阅读策略、文学形象	名著中的人物往往具有鲜明的个性。作品通过对话、行动和心理描写等手法，能够深刻表现词表人物的性格特点和内心世界，使读者更加深入地了解人物形象	3
	子任务二：西游故事汇	阅读策略、体裁、情节	作者往往通过曲折、复杂的情节设计来吸引读者，以此展现人物性格和内心世界	3
	子任务三：撰写研究报告	鉴赏、自我表达	古典名著往往蕴含丰富的历史文化内涵，能够跨越时空被广泛传颂。阅读名著可以启迪我们的心灵与智慧	4
	子任务四：举办阅读分享会			3
	知行合一：西游智慧集	/	/	1

四、探究活动设计

发布单元任务与前测

【**学习要点**】激趣、发布任务、进行前测、制订计划、基础积累。

【**学习活动**】

活动一：西游初印象

（1）观看电视剧《西游记》片段。

（2）说说你对《西游记》的了解。

活动二：交流阅读方法

回顾课本第二单元所学四篇课文：《草船借箭》《井冈山》《猴王出世》《红楼春趣》，梳理阅读古典名著的方法。

活动三：发布阅读任务

（1）创设单元情境。

4月23日是世界读书日。学校以此为契机，开展主题为"阅读点亮心灵，智慧引领未来"的阅读活动。本班在学校主题引领下将开展古典名著《西游记》整本书阅读探究活动，并设计阅读成果展示会。

名著展现了丰富多样的人物形象和复杂完整的情节，蕴含深厚的历史文化，启迪我们的心灵与智慧。读了《西游记》后，你应该能够发现些什么，并可以提出问题来推动这一探究。通过深入的阅读实践和主题探究，各小组同学要合作完成一份阅读研究报告，并选择用你们喜欢的形式，在班级阅读分享会上与大家分享阅读研究成果。

（2）呈现表现性任务量规。

（3）明确任务。

①撰写阅读研究报告；②举办阅读分享会。

活动四：前测和制订计划

（1）前测：说到《西游记》，你最感兴趣的内容是什么？你对哪些地方有疑惑？请写在 TPE 表（表 2-2）。

（2）制订阅读计划（分组、确定阅读研究主题、怎样开展研究）。

表 2-2　思维可视化工具 TPE 表

T（我最感兴趣的）	P（我有疑惑的）	E（我和小组成员接下来想做的事）

【设计说明】

最开始，我们就发布了这次整本书阅读的大任务：阅读《西游记》，找到感兴趣、有意义的话题，分小组进行主题研究，将小组研究成果撰写成一份阅读研究报告，并在班级举办的阅读分享会上，分享阅读研究成果。

研究报告的撰写，学生表现出较大的兴趣，因为在本册第三单元"遨游汉字王国"综合性学习单元，我们已经初步学习了搜集资料的基本方法和写作研究报告。但是紧接着问题来了，我们为什么要阅读《西游记》并探究书中的问题？如何才能找到一个好的主题展开研究？如何才能让我们的研究成果有价值并引起他人阅读名著的兴趣？这些困惑指向的就是我们的大观念。

通过前测 TPE 表，让学生记录对《西游记》这本书感兴趣的和有疑惑的地方。当然，这个表不一定初次就要填写好，在后面的阅读中，同学们可以随时记录，并且随着阅读活动的开展，大家深入思考，会逐步找到感兴趣、有意义的问题，作为小组阅读研究的主题。接着师生一起列出需要学习的知识点以及规划好学习过程，并确定好成功的标准。

子任务一：西游人物志

【学习目标】

子观念：名著中的人物往往具有鲜明的个性。作品通过对话、行动和心理描写等手法，能够深刻表现人物的性格特点和内心世界，使读者更加深入地了解人物形象。

新知识：了解《西游记》中塑造的各类人物形象。

新能力：学会用画像等形式形成可视化的思考和梳理。

【探究问题】

《西游记》中人物众多，你最喜欢的人物有哪些特点？为什么？

【学习活动】

活动一：探究我最喜欢的人物

用思维可视化工具4C表（表2-3），完成对"我最喜欢的人物是_____"的"自主探究"中的"联系"和"质疑"部分。

表2-3　思维可视化工具4C表

思维可视化工具：4C表　　《西游记》整本书阅读学习工作纸　　　班级：_____　姓名_____				
任务一：西游人物志　　　我最喜欢的人物是_____				
探究方式	联系	质疑	观点	变化
探究问题	阅读小说，学会思考，展开联想，与自己建立联系，如这个人物与你有联系吗？他的性格特点让你联想起了自己的哪些经历，或是想起了什么人或事？	仔细读文本，想想你为什么喜欢这个人物形象？作者是怎么刻画这个人物的？	通过对名著中人物的探究，你得出了什么结论？有什么收获？	过去我认为……现在我认为……
自主探究				
交流补充				

活动二：交流发现

（1）交流个人探究成果。

（2）完善探究成果，在4C表（见表2-3）中完成"交流补充"部分。

（3）梳理大观念，对子观念一进行建模。在4C表中完成"观点""变化"

部分。

活动三：为喜欢的人物画像

用自己喜欢的方式为喜欢的人物画像，同时把自己喜欢的人物的探究成果展示出来（可采取方式：人物成长轴、人物档案卡、人物卡片、西游人物进驻朋友圈……）

【设计说明】

针对探究问题："《西游记》中人物众多，你最喜欢的人物有哪些特点？为什么？"我们使用4C表（联系—质疑—观点—变化）这一思维可视化工具为学生架设自主探究的思路，完成对小说中最重要的要素——人物的探究。

比如说联系，让学生学会思考、展开联想，将书中的人物与自己建立联系，与身边熟知的人或事建立联系。接着是质疑，思考为什么会喜欢这个人物，这样就可以探究作者是如何刻画人物形象的。通过在课堂上充分交流，学生最终得出了观点，这也指向了子观念一：名著中的人物往往具有鲜明的个性。作品通过对话、行动和心理描写等手法，能够深入挖掘人物的性格特点和内心世界，使读者更加深入地了解人物形象。在此基础上，再让学生为喜欢的人物进行画像。同学们的画像方式不一，只需要表现出他们对人物的理解。

子任务二：西游故事汇

【学习目标】

子观念：作者往往通过曲折、复杂的情节设计来吸引读者，以此展现人物性格和内心世界。

新知识：把握小说的主要情节，体会取经的艰难，感受古典名著的魅力。

新能力：领悟作品主旨，领悟表达方式，做出审美评价。

【探究问题】

在取经之路上，给你留下深刻印象的故事是怎样的？作者是如何描述的？

【学习活动】

活动一：把握小说主要事件——取经

（1）交流小说主要讲了一件什么事情？

（2）围绕小说主要事件，小组交流讨论相关问题，并在探究表上记录内容（表2-4），教师引导学生从书中找线索。

表2-4　思维可视化工具探究表

阅读《西游记》，围绕小说主要事件，小组交流讨论以下问题，并记录下来		
取经缘由	取经路上发生了什么故事？	取经人物发生了哪些变化？

活动二：探究取经路上印象深刻的故事

用思维可视化工具4C表（表2-5），完成对取经路上"我印象深刻的故事_____"的"自主探究"中的"联系"和"质疑"部分。

表2-5　思维可视化工具4C表

思维可视化工具：4C表　　《西游记》整本书阅读学习工作纸　　班级：_____　姓名_____				
任务二：西游故事汇　　　我印象深刻的故事_____				
探究方式	联系	质疑	观点	变化
探究问题	展开联想，与自己建立联系，如生活中让你印象深刻的事情是怎样的？和这个故事有什么共同点？或是你对这个故事有什么共鸣？	仔细读读这个故事所在章回，想想你为什么对这个故事印象深刻，作者是如何描述这个故事的？作者这样写故事有什么作用？	通过对印象深刻的故事的探究，你得出什么结论？有什么收获？	过去我认为……现在我认为……
自主探究				
交流补充				

活动三：交流发现

（1）画廊漫步，观赏每名同学对印象深刻的故事的自主探究。

（2）交流个人探究成果。

（3）完善探究成果，在4C表中完成"交流补充"部分。

（4）梳理大观念，对子观念二进行建模（在4C表中完成"观点""变化"和"我的发现"部分）。

【设计说明】

继人物探究后，紧接着是对情节的探究：在取经路上，给你留下深刻印象的故事是怎样的？作者是如何描述的？我们引导学生先围绕小说主要事件——取经进行交流，接着鼓励大家讲取经路上的故事，再用4C表围绕印象最深刻的故事来探究作者是怎么创作的。

通过课堂交流，学生渐渐发现，这些故事为什么会吸引我们，原来是因为它的情节一波三折、曲折反复，所以容易给人留下印象，吸引我们阅读，在此基础上，学生对子观念进行梳理建模：作者往往通过曲折、复杂的情节设计来吸引读者，以此展现人物性格和内心世界。

子任务三：撰写研究报告

【学习目标】

子观念：古典名著往往蕴含丰富的历史文化内涵，能够跨越时空被广泛传颂。阅读名著可以启迪我们的心灵与智慧。

新知识：撰写阅读研究报告需要进行深入的阅读实践和主题探究。

新能力：

（1）读《西游记》后，能够提出问题，搜集整理资料来推动这一探究。

（2）能够将阅读《西游记》后产生的问题分成更小的部分，追根溯源，分析因果。

【探究问题】

读《西游记》，引发了你哪些思考？我们如何从中汲取智慧以指导我们的生活和决策？

【学习活动】

活动一：学生独立探究阅读问题

1. 回顾

（1）回顾子任务一、子任务二的学习。

（2）回顾前测布置的任务。

在本单元的前测环节，发布任务后进行前测并布置阅读研究计划。同学们边阅读边提出自己的问题，围绕问题再度深入探究，现在我们还要写研究报告。

2. 学生独立探究

利用 CSI 工具（表 2-6），梳理阅读思考。

表 2-6　思维可视化工具 CSI 表

阅读研究主题：_____　姓名_____		
C（观点）	S（证据）	I（启发）
针对你们小组的主题，你有哪些思考或者观点？	你为你的观点找到什么证据？都是从哪里找到的？	通过思考和研究，你有什么启发？或是你联想到什么？

活动二：小组合作探究阅读问题

（1）小组讨论各自 CSI 表的内容。

（2）汇总整理探究结果，形成主题研究报告（图 2-2）。

关于_____主题研究报告

研究人员：

一、问题的提出

二、研究方法

三、资料整理

四、结论和启迪

图 2-2　主题研究报告

活动三：交流探讨

1. 画廊漫步

（1）学生对各小组的研究报告进行充分阅读和思考。

（2）写好标签纸（认同、建议），贴在相应的小组学习研究报告上。

（3）各小组梳理标签纸内容，准备回应。

2. 阅读交流

（1）揭晓"最佳人气"小组，请该小组上台。

（2）请给这个小组贴有标签的同学，说说点评了什么内容，并说明理由。

（3）请最佳人气小组回应。

（4）还有哪些同学继续想和这个小组交流，小组回应……

3. 优化研究报告

（1）对照评价量规，你们打算如何进一步完善小组的研究。

（2）各小组完善阅读研究报告的撰写。

【设计说明】

在子任务一和子任务二活动开展的过程中,学生对小说的两大主要因素人物和情节进行了探究。在探究过程中,学生习得了一些思考问题的方法。紧接着我们要启动小组主题阅读研究。因为前测已经告诉学生要做的事,到了这一任务,很多小组都已经确定他们感兴趣的话题,学生将围绕感兴趣的话题进行深度研究。

如何让学生真正体会像一位文学评论家一样进行阅读研究呢?我们设计了思维可视化工具 CSI 表(这是由 CSQ 改编的),我们的要求是每个小组的每一位成员,都能够针对小组研究的主题,至少提出 3 个观点(C)。每个观点至少找到两个证据(S),而且这些证据要说明来源和出处(书中的页码或者书外哪里搜集的资料)。最后总结从探究的主题中得到了什么收获和启迪,这也是引导学生走向子观念三,甚至直达大观念。

一个小组 4~6 名同学都进行了自主探究之后,我们再组织小组展开组内探究交流。小组讨论的结果最终就形成了他们的研究成果,根据我们在综合性学习单元学会的撰写研究报告的方法,形成阅读研究报告。

虽然小组最终的学习成果是一份阅读研究报告,但是这些 CSI 表却能让我们看到这个小组每个成员的思考和思维过程。接着就是通过充分交流,来探究如何完善阅读研究报告。各小组最后根据建议,继续完善阅读研究报告的撰写。

子任务四:举办阅读分享会

【学习目标】

子观念:古典名著往往蕴含丰富的历史文化内涵,能够跨越时空被广泛传颂。阅读名著可以启迪我们的心灵与智慧。

新知识:分享阅读成果的形式可以多样,但要考虑受众需要。

新能力:能分享自己的阅读研究成果,并倾听和表达自己对他人阅读研究报告的理解和评价。

【探究问题】

《西游记》的阅读引发了你哪些思考?我们如何从中汲取智慧以指导我们的生活和决策?

【学习活动】

活动一：商定阅读分享会方案

学生小组讨论班级将如何开展阅读分享会（主要从阅读成果分享的基本要求、分享内容、分享形式、分享效果几个方面去探讨）。

活动二：明确阅读分享的评价标准（表2-7）

（1）内容上：能把握《西游记》的主要内容，围绕大观念"经典文学作品借助构建多维、立体的人物形象和编织错综复杂且逻辑严密的情节，不仅反映深厚的历史文化底蕴，而且能够触动读者的内心，启迪我们的心灵与智慧"，选择感兴趣、有意义的研究主题，针对主题进行深入研读并取得成效。

（2）形式上：能围绕选题，恰当选择适合的表达方法，清晰有条理地进行阅读汇报，并在分享时对听众的点评作出回应，解答听众的疑惑。

表2-7　阅读分享会评价量规

超出成功标准	满足成功标准	接近成功标准	远未达到成功标准
除成功标准中所列出的基本要求外，还包括： 1. 能从书中挖掘有价值、有意义的问题，进行深入研读 2. 语言表达充分吸引观众，能和听众进行积极互动	1. 阅读《西游记》，选择感兴趣、有意义的研究主题深入思考，查阅并整理资料，用充分的证据表达观点 2. 能围绕研究主题，选择自己喜欢的表达方法，清晰有条理地进行阅读研究成果分享，能在分享时对听众的点评作出回应，解答听众的疑惑	1. 阅读《西游记》，选择感兴趣的研究主题，查阅并整理资料，得出结论 2. 能围绕研究主题，选择自己喜欢的表达方法，清晰有条理地进行阅读研究成果分享	未满足成功标准所列出的其中两项基本要求

活动三：举办阅读分享会

（1）各小组用各自喜欢的形式，在班级阅读分享会上与大家分享阅读研究成果。

（2）完成阅读交流、思考、总结，建构大观念理解（问题串联、学习共同体对话方式）。

【设计说明】

完善阅读研究报告后，如何才能让大家的学习成果获得反馈，或是获取评价，或是得到共鸣，或是得到激励。在最后一个任务，我们举办阅读分享会，让各个小组选择他们自己喜欢的方式来分享他们的阅读成果。在真切而真实的交流中，每个小组收获了来自他人的评价，并对自己小组的阅读研究进行了反思和总结。

知行合一：西游智慧集

【学习要点】

（1）整理阅读研究成果，形成智慧集。

（2）整本书阅读总结和反思。

【学习活动】

（1）小组讨论，如何根据主题设计封面、目录。

（2）投票选择最适合的封面、目录，进行整理汇编。

（3）各小组《西游记》主题阅读研究的思想汇总，形成西游智慧集，在学校读书日活动中进行阅读成果展。

【设计说明】

汇编西游智慧集能够让学生的阅读成果汇总收录在书中，增强成就感和自信心。团队合作和编辑整理过程也能培养学生的协作精神和编辑能力，提升语文实践能力。

五、教学反思

教前反思

1.基于教学目标的反思

《西游记》整本书阅读的学习聚焦于中国古典名著，其核心目标在于引领学生感受作品多维、立体的人物形象和错综复杂且逻辑严密的情节，体会其深厚的历史与文化底蕴，获得思想的启迪。在五年级上册第二单元的课文学习中，学生已经初步学习阅读四大名著的方法，《西游记》整本书阅读的开展，则具体落实新课标整本书阅读的要求，让学生真正走进原著，畅享西游之旅，感受古典名著的魅力。通过这次整本书阅读活动的开展，学生将学习小说中人物形象的塑造和故事情节的编排，并通过阅读主题研究，掌握整本书阅读的方法和策略，学习批判性阅读和思考，得到阅读能力的提升和阅读素养的培养。

2. 基于学情的反思

在教材四大名著节选篇章的学习过程中，学生通过点拨就能较好地理解并掌握节选文章的主旨大意，并通过文章对人物形象的描写以及环境的塑造，初步感受四大名著的不同风格和魅力。然而，这些都是停留在浅层阅读。

学生在以往开展的"快乐读书吧"整本书阅读活动中，已经学习常见的整本书阅读方法。而在小说阅读中，大部分学生也能够尝试概括章回的主要内容，初步感受人物形象。但是，在创作方法、作品文化内涵、思想启迪等方面，学生仍然处于起步阶段，需要精心具体的教学设计和任务驱动，来逐步引导学生把握和理解名著的魅力。

中期反思

在进行阅读主题研究时，许多小组最初聚焦于故事的人物和情节方面。这让我们意识到，学生尚未充分意识到文学作品所蕴含的深厚的历史文化底蕴、思想智慧，而这正是名著阅读特别强调和构建的核心概念。我们期望学生能够更加全面地理解和欣赏文学作品的深层内涵和人文精神。

教后反思

1. 我们的教学策略在多大程度上帮助学生理解？

在《西游记》整本书阅读教学中，我们是在真实情境任务下驱动学生阅读和探究——学校开展主题为"阅读点亮心灵，智慧引领未来"的阅读活动，班级在学校主题引领下将开展古典名著《西游记》整本书阅读探究活动，并开展阅读分享会。为了完成这一任务，教师和学生一起根据任务制订学习计划。在教学过程中，我们每个教学环节都围绕学生的真实问题展开，带领学生经历深度学习和真实实践。通过思维和方法的引领，帮助学生解决阅读中遇到的困难。我们以生为本，把选择权和发言权交给学生，让学生在"做中学"，极大地激发了学生的内驱力，也是在这种实践和探究中，发展了学生高阶思维能力，达成了概念性理解。

提供整本书阅读的思维路径，引导学生从多个角度去理解和鉴赏作品，如人物形象、情节发展、主题思想、启迪智慧等。提供思维可视化工具，如TPE、4C、SCI、小说阅读思路、问题分析思路、人物画像、研究报告等。可视化工具TPE表，让学生随时记录对《西游记》这本书感兴趣的和有疑惑的地方，并在阅读中逐步找到感兴趣、有意义的问题，作为后面小组阅读研究的主题。4C 表则从更高层面为学生架设自主学习的思路，完成对小说人物和情节的探究；CSI 表让学生真正体会像一位文学评论家一样进行阅读研究，能针对小组研究的主题提出观点并找到证据，还能促使其思考从探究的主题中得到什么收获和启迪。

2. 哪些主要证据证明学生发展了对"KUD"的理解？

一是学生通过一个月的学习，最终举办了阅读分享会，并将阅读成果汇编成"西游智慧集"。大任务就是对大观念理解的可视化呈现，而大观念的理解是通过完成一个个子任务逐步建构起来的，我们选择了在这个过程中最重要的阅读分享会作为总结性评估。评估标准是与学生讨论后共同生成的。分享的内容主要是学生完成的阅读研究报告，能把握《西游记》的主要思想，选择感兴趣、有意义的研究主题深入思考，查阅并整理资料，使用充分的证据分析因果。分享的形式能围绕研究主题，选择自己喜欢的表达方法，清晰有条理地进行阅读研究成果分享，在分享时对听众的点评作回应，解答听众的疑惑。阅读研究报告和阅读分享会均是学生对子观念和大观念在行动上的诠释。

二是思维工具的使用体现学习进阶。为了完成这一大任务，教师和学生一起根据任务制订学习计划，教学过程中，每个教学环节都围绕学生的真实问题展开，带领学生经历深度学习和真实实践。通过思维和方法的引领，引导学生从多个角度去理解和鉴赏作品，如人物形象、情节发展、主题思想、启迪智慧等。同时提供思维可视化工具，如 TPE 表、4C 表、SCI 表、小说阅读思路、问题分析思路、人物画像、研究报告。TPE 表，让学生随时记录对《西游记》这本书感兴趣的和有疑惑的地方，并在阅读中逐步找到感兴趣、有意义的问题，作为后面小组阅读研究的主题。4C 表则为学生架设了自主学习的思路，完成对小说人物和情节的探索。CSI 表让学生真正体会像文学评论家一样进行阅读研究，针对小组研究的主题提出观点并找到证据，启发学生思考从探索的主题中得到的收获和启迪。

总之，《西游记》整本书阅读活动的开展，具体落实了新课标对整本书阅读的要求，让学生真正走向原著，畅享西游之旅，感受古典名著的魅力。

第三章

语文：追寻科学精神——像科学家一样思考，像作家一样表达

单元主题：追寻科学精神。

单元内容：部编版语文六年级下册第五单元。

单元大观念：知识和想象力是无限的，它们可以帮助我们理解世界，预见未来，并探索更广阔的可能性。

单元大任务：举行一场科幻作品发布会。

设计者：陈武、姚燕涣、吴姗姗、朱俊玲、赖乐意、邹丹、丘宇涛。

一、单元内容分析

科学精神体现在探索未知、批判性思考和实证研究等方面。在本单元学习中，学生通过《他们那时候多有趣》《真理诞生于一百个问号之后》《两小儿辩日》等课文，了解不同文体的特点：科幻小说是科学与想象的结合，论说文则是按照"提出观点—列举事例—得出结论"的结构展开。

学习过程中，学生学会"先质疑、再探究、最后验证"的科学思考方法，并学会梳理创作思路，以"创编科幻作品"为最终任务，将科学知识（如人工智能、生态危机）与作品内容合理结合，运用伏笔、悬念等文学手法完成创作。这一过程学生不仅能接触丰富的科学知识，强化知识迁移能力，更能推动学生像科学家一样思考、像作家一样表达，逐步形成积极的科学价值观。

二、单元整体设计思路

从课文内容来看，本单元属于"思辨性阅读与表达"学习任务群，从表达任务来看，又属于"文学阅读与创意表达"学习任务群，本单元是并行式单元组元形态，但贯穿始终的就是对科学精神的感悟与践行。于此，我们创设以"追寻科学精神"为学习主题的单元整体教学，引导学生在阅读中梳理观点、事实与材料及其关系，提升思辨能力。同时，让学生学会表达自己独特的体验与思考，尝试创作文学作品，发展想象力。由此，深化学生对大观念"知识和想象力是无限的，它们可以帮助我们理解世界，预见未来，并探索更广阔的可能性"的理解。

本单元的大任务设置为：举行一场科幻作品发布会。本单元的核心教学策略就是从形式、创造、审美三个超学科概念出发，引导学生通过阅读和讨论科幻作品，激发对科学、技术和社会发展的好奇心和探究欲，为"科幻作品发布会"做准备。

"追寻科学精神"大单元·大观念教学导图如图 3-1 所示。

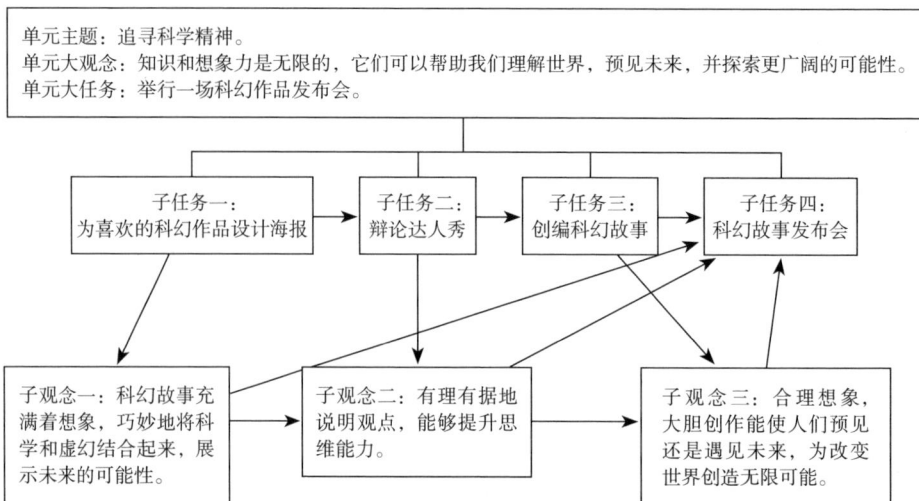

图3-1 "追求科学精神"单元教学导图

三、单元整体教学设计（表3-1）

表3-1 单元整体教学设计

（一）单元基本信息			
单元主题	主题名称	三大维度	六大领域
	追寻科学精神	自我维度	我如何表达自己
教材内容	涉及教材内容	部编版语文六年级下册第五单元	
	对应的课程标准	【阅读与鉴赏】 　1. 在阅读中了解文章的表达顺序，体会作者的思想感情，初步领会文章的基本表达方法。在交流和讨论中，敢于提出看法，做出自己的判断 　2. 阅读整本书，把握文本的主要内容，积极向同学推荐并说明理由 【表达与交流】 　1. 听人说话认真、耐心，能抓住要点。乐于表达，与人交流能尊重和理解对方。注意语言美，抵制不文明语言 　2. 表达有条理，语气、语调适当。参与讨论，敢于发表自己的意见，说清自己的观点。能根据对象和场合，稍作准备，作简单的发言 【梳理与探究】 　感受不同媒介的表达效果，学习跨媒介阅读与运用，初步运用多种方法整理和呈现信息 【文学阅读与创意表达】 　阅读表现人与社会的优秀文学作品，走进广阔的文学艺术世界，学习品味作品语言、欣赏艺术形象、复述印象深刻的故事情节、积累多样的情感体验、学习联想与想象、尝试富有创意的表达	

学科概念	跨学科概念：形式、联系、变化
	学科概念：体裁、故事情节、阅读鉴赏、语言风格、画面感、观点、表达方法、自我表达、主题思想、想象

探究问题	事实性问题：什么是科幻故事？科幻故事有哪些特点？
	概念性问题： 1. 如何提出观点、阐释事例、印证观点？ 2. 你为什么会创编这个故事呢？如何才能使科幻故事更精彩、更吸引人？
	辩论性问题：（无）

（二）单元学习目标

大观念【U】	新知识【K】	新能力【D】
知识和想象力是无限的，它们可以帮助我们理解世界，预见未来，并探索更广阔的可能性	1. 理解创编故事的目的，识别故事创编中的关键元素 2. 对比阅读，边读边想象，感受科幻故事的奇妙 3. 明白论证观点时，要通过摆事实、讲道理的方法，结合具体事例，有条理地叙述	1. 信息处理能力：能搜集、归纳和梳理前沿科技的发展、创造和应用的情况 2. 批判性思维：随着不断深入探究，对科学技术及科幻故事有新的理解 3. 创造性思维：在阅读科幻故事的过程中习得方法，迁移写法，完成自己科幻故事的文学创作 4. 交流技能：能够有理有据表达自己的观点，与同伴交流，并能认真倾听他人信息或观点

（三）单元学习评价证据

	目标	角色	受众	情境	作品
表现性评价任务	综合运用主题单元所学的知识、技能以及观念创编科幻故事	作者	读者	科幻作品发布会	科幻作品

学习引导语：

世间万物皆有趣，从微小的细菌到庞大的宇宙，每一个存在都有其独特的魅力和价值。为了让大家了解世间万物，拥抱大千世界，班级将举行一场科幻作品发布会

表现性评价任务	在发布会前，我们需要确定介绍的事物，阅读相关书籍，在生活中进行细致观察，并在单元学习中做到：制订读书计划、按照主题收集整理资料、了解论说类文章的表达方法、用具体事例说明一个观点。 在发布作品时，要吐字清晰、声音洪亮，让我们化身科幻小作家，向大家介绍你创作的科幻作品吧

	科幻作品发布会评价量规			
表现性任务评价规	超出成功标准	满足成功标准	接近成功标准	远未达到成功标准
	除成功标准中所列出的基本要求外，还包括： 1. 能让听众对介绍的事物产生兴趣，并获取相关知识 2. 能解答听众的问题，与听众互动交流	1. 语言准确、清晰、有条理 2. 能仿照课文的写法，用具体事例说明一个观点 3. 能展开想象，写出并展示奇特又令人信服的科幻故事	满足成功标准所列出的其中两项基本要求	未满足成功标准所列出的其中两项基本要求
其他评估证据	前测 TPE 表、单元学习计划、CSQ 表、阅读计划、读书笔记、小练笔、习作、汇报 PPT 等			

（四）单元学习探究设计

	任务名称	学科概念	子观念	课时
结构化子任务	子任务一：为喜欢的科幻故事设计海报	体裁、故事情节、阅读鉴赏	科幻故事充满想象，巧妙地将科学和虚构结合起来，展示未来的可能性	3
	子任务二：辩论达人秀	语言风格、画面感、观点、表达方法	有理有据地说明观点，并能够提升思维能力	3
	子任务三：创编科幻故事	自我表达、主题思想、想象	合理想象，大胆创作能使人们预见未来，为改变世界创造无限可能	4
	子任务四：科幻故事发布会			2

四、探究活动设计

发布单元任务与前测

【学习要点】激趣、发布任务、进行前测、制订计划、基础积累。

【学习活动】

活动一：激趣

什么是科幻故事？科幻故事有哪些特点？你读过哪些科幻小说？你最喜欢的科幻作品是什么？

活动二：发布任务

（1）确定单元大任务：创编科幻故事、举行科幻故事发布会。

（2）师生共同制定"科幻作品发布会"评价量规。

活动三：进行前测，生成计划

（1）学生根据以往经验，构思科幻故事，拟写提纲或写作思维导图。

（2）前测：要创编科幻故事会遇到哪些困难？需要哪些知识？个体思考、小组交流，全班生成单元学习计划，形成问题墙。

活动四：单元整体感知

（1）初读本单元课文。

（2）概括课文主要内容。

（3）学习本单元生字词。

【设计说明】

学生在学习本单元一开始就明确了学习任务：举行一场班级科幻作品发布会，最后形成科幻故事作品集。每名学生要结合前期创作的海报和学习档案介绍自己的科幻作品，让读者了解他的创造思路，感受他的奇思妙想。

"科学"二字激发学生的好奇心和创造热情，同学们分享了印象最深刻的科幻电影或科幻故事，讨论了故事里最吸引人的情节或事物。但是，困惑随之产生：科幻故事有哪些特点？这就指向了大观念：知识和想象力是无限的，它们可以帮助我们理解世界，预见未来，并探索更广阔的可能性。师生一起列出成功标准和需要学习的知识，勾勒出学习过程。

子任务一：为喜欢的科幻故事设计海报

【学习目标】

子观念：科幻故事充满想象，巧妙地将科学和虚构结合起来，展示未来的可能性。

新知识：对比阅读，边读边想象，感受科幻故事的奇妙。

新能力：随着不断深入探究，对科学技术及科幻故事有新的理解。

【探究问题】

什么是科幻故事？科幻故事有哪些特点？

【学习活动】

活动一：学习《他们那时候多有趣》，感受未来学校的奇特变化

（1）探究发现现在与未来学校的不同。

（2）未来学校给你怎样的感受？作者是如何表达的？请使用下面的工具展开探索（表3-2）。

表3-2 《他们那时候多有趣》探究表

未来学校的奇特之处（观点）	举例说明（证据）	我的感受（启发）

活动二：修改原来创编科幻故事的提纲

（1）作者笔下的未来学校让你感受到什么？对你创编科幻故事有什么启发？

（2）完善习作提纲或思维导图。

活动三：为自己喜欢的科幻故事画海报

用自己喜欢的方式为自己的科幻故事画海报，同时把自己喜欢的故事的探究成果展示出来。

【设计说明】

课文《他们那时候多有趣》是一篇科幻小说。故事充满了奇特想象，又富于生活气息，构思新颖。课文内容让我们看到不同时代教育特点的不同，启发学生在感受科技改变学习和生活方式的同时，对科技发展和教育理念进行思考，鼓励学生为自己喜欢的科幻故事画海报，同时把自己喜欢的故事的探究成果展示出来。

在学习过程中，我们借助思维可视化工具探究表，引导学生自主探究，了解在作者的想象中，未来与现在上学方式之间的差异，最后联系生活实际，对未来的学习生活展开想象。这有助于学生生成"科幻故事充满想象，巧妙地将科学和虚构结合起来，展示未来的可能性"的概念性理解。

子任务二：辩论达人秀

【学习目标】

子观念：有理有据地说明观点，能够提升思维能力。

新知识：明白论证观点时，要通过摆事实、讲道理的方法，结合具体事例，有条理地叙述。

新能力：能有理有据表达自己的观点，与同伴交流，并认真倾听他人的观点。

【探究问题】

如何提出观点，阐释事例，使观点更具说服力？

【学习活动】

活动一：学习《两小儿辩日》《真理诞生于一百个问号之后》，掌握辩论方法

（1）提炼观点，梳理证据，体会怎样用事例印证观点（表3-3）。

（2）谈启发，深刻主题，感受科学精神。

表3-3 思维可视化工具CSQ表

科学家的发现（观点）	探究过程（证据）	我的感受（启发）

活动二：用以上方法学习《表里的生物》，迁移运用，夯实论证方法

开展班级辩论赛，以"'我'的发现还有意义吗？"为话题展开辩论（表3-4）。

表3-4 《表里的生物》探究表

我的论点（观点）	我的论据（证据）	变化（过去我认为……现在我认为……）

活动三：掌握辩论方法，举行辩论达人秀

（1）学习了《两小儿辩日》《真理诞生于一百个问号之后》，你掌握了哪些辩论方法？

（2）小组交流，运用学到的方法，围绕年级辩论赛"顺境/逆境更有利于人的成长"的话题完善辩论赛资料。

（3）画廊漫步，确定辩论赛的论据。

（4）推选辩手，确定分工。

【设计说明】

围绕探究问题"如何提出观点，阐释事例，使观点更具说服力？"我们借

助思维工具引导学生学习《两小儿辩日》《真理诞生于一百个问号之后》，初步感知论证方法，并让学生自主迁移学习《表里的生物》，夯实论证方法。引导学生在论证观点时，通过摆事实讲道理的方法，结合具体事例，有条理地叙述，培养学生的思辨能力，追寻科学精神。

随后，在六年级里举行"辩论达人秀"，让学生围绕"顺境/逆境更有利于人的成长"展开辩论，提高学生条理清楚、有理有据表达自己观点的能力，引导学生学会多角度思考问题，全面看待事物。任务完成的过程即是展示概念性理解的过程。

子任务三：创编科幻故事

【学习目标】

子观念：合理想象、大胆创作能使人们预见未来，为改变世界创造无限可能。

新知识：理解创编故事的目的，识别故事创编中的关键元素。

新能力：在阅读科幻故事的过程中习得方法，迁移写法，完成自己的科幻故事文学创作。

【探究问题】

如何才能使科幻故事更精彩、更吸引人？

【学习活动】

活动一：完成创编科幻故事的习作

（1）交流：你为什么会创编这个故事呢？如何才能使科幻故事更精彩、更吸引人？

（2）根据习作提纲或思维导图，及自己设计的海报，独立完成习作。

活动二：相互修改习作

（1）漂流瓶互评：学生将自己的习作放入"漂流瓶"，随机传递，同学之间根据"漂流瓶评价表"（表3-5）进行评价。

评价依据是教师提供的评价量规，重点关注语言表达、情节发展、科学元素的运用以及故事创意等方面。

表 3-5 "漂流瓶"评价表

评价项目	评价标准	评星
语言表达	语言流畅自然，用词准确生动，有独特的表达风格	★★★
情节发展	情节有起伏，能吸引读者的兴趣	★★★
科学元素运用	科学元素与故事内容紧密结合，能推动情节发展或为故事构建基础	★★★
故事创意	情节设定具有创新性，能引发读者的思考	★★★

（2）反馈交流：收到评价后，学生认真阅读评语，并在小组内分享自己的感受和收获。同时，针对评价中提出的建议，讨论如何进一步完善自己的习作。

活动三：完善习作

（1）展示分享：选取几篇优秀的科幻故事进行全班展示，由作者朗读并简要介绍创作思路和修改过程。其他同学认真聆听，并可提出自己的见解或感受。

（2）总结反思：教师引导学生回顾整个学习过程，总结故事创编的技巧和注意事项。同时，鼓励学生反思自己的学习过程，提出改进意见。

【设计说明】

通过子任务一和子任务二活动的开展，学生已经初步感知科幻故事的特点，认识到科学技术与人们的生活和命运有密切关系，并有了初步的习作构思。子任务三中，我们对科幻故事的特点和情节进行探究，在探究过程中，学生习得要有序组织事例证明观点，并借助相关的科学知识展开想象的方法。

子任务四：科幻故事发布会

【学习目标】

子观念： 合理想象、大胆创作能使人们预见未来为改变世界创造无限可能。

新知识： 理解创编故事的目的，识别故事创编中的关键元素。

新能力： 能有理有据表达自己的观点，与同伴交流，并认真倾听他人的观点。

【探究问题】

你为什么要创编这个科幻故事？如何才能使这个科幻故事更有趣、更能打动人？

【学习活动】

活动一：回顾本单元学习过程

（1）教师播放单元学习活动视频、照片，师生一同回顾学习过程。

（2）学生分享单元学习过程中的感受。

活动二：现场发布会

（1）布置会场：将科幻作品以画廊形式布置，营造浓厚的展示氛围。

学生角色：每名学生既是读者也是作者，通过不同角色体验，加深对故事创编的理解。

（2）每名学生轮流分享自己的科幻作品，讲述创编的初衷、过程和感受。

互动交流：听众需认真倾听，根据评价量规（表3-6）进行评价，还可以提出质疑或分享自己的观点，形成积极的交流氛围。

（3）教师适时引导，鼓励学生之间的思想碰撞和深度对话。

表3-6 科幻故事发布会评价量规

超出成功标准	满足成功标准	接近成功标准	远未达到成功标准
除成功标准中所列出的基本要求外，还包括： 1.科幻故事充满着想象，巧妙地将科学和虚构结合起来，展示未来的可能性 2.语言表达生动流畅，吸引观众，能解答观众的问题并积极与观众互动交流	1.科幻故事充满想象，巧妙地将科学和虚构结合起来，展示未来的可能性 2.有理有据地说明观点，更好地达到交流目的 3.合理想象、大胆创作能使人们预见未来，为改变世界提供更广阔的可能性	满足成功标准所列出的其中三项基本要求	未满足成功标准所列出的其中两项基本要求

活动三：反思、总结

（1）学生填写4C表（表3-7），反思自己在整个活动过程中的表现，包括思维过程、创意亮点、沟通技巧和团队合作等方面。

表3-7 思维可视化工具4C表

联系 （通过阅读他人的习作结合自己的习作，谈感受）	质疑 （你还有什么疑惑？）	观点 （如何创编故事？）	变化 （过去我认为……现在我认为……）

（2）小组内分享4C表，相互学习，共同提升。

（3）教师总结本次活动的亮点与不足。

（4）评价激励：教师对学生的表现给予积极评价，肯定他们的努力和成果。同时，可以设立奖项表彰优秀作品和积极参与的学生，激发他们的学习热情和创造力。

【设计说明】

如何让学生真正体会像作家一样创作？举行"科幻作品"发布会，见证学生的创作成果。并且，在真实的交流中，每个学生对自己的作品进行辩证思考。

在发布会上，将科幻故事以画廊漫步形式展示，供读者自由阅读，每名学生化身听众、创编者、分享者，建构理解。在此过程中学生借助4C表反思、总结，分享阅读和创作的感受与变化。

五、教学反思

教前反思

1.基于教学目标的反思

"展开丰富想象，鼓励有创意的表达"是小学阶段阅读、写作都着重培养的一种能力。统编版教材中，低年段的"想象"有依托，或为文字或为图片，多为激发学生的习作热情，对内容没有过多要求。到了中年段"想象"要求完整成篇，而高年段的"想象"要求综合复杂，如六年级上册第一单元写想象习作，要求把重点部分写详细一些。而本单元习作"展开想象，写科幻故事"需要以想象为基础，又要把故事写得清晰完整。学生积累了丰富的学习经验，应该让这些知识迁移生长，让原有的学习经验得到有效迁移。

根据学生的前期学习经验，本单元注重从以下几个方面来达成教学目标。

第一，学生围绕真实情境性任务——"举行一场科幻作品发布会"展开。在这个过程中，教师创设各种教学情境，激发学生的探究兴趣，让知识在不同的学习情境中自由迁移。

第二，采用探究式学习的方式实现从教到学的转变，为学生提供视自己为"科幻小说家"的机会，培养学生像作家一样去思考。

第三，单元探究中教师通过前测、问题墙分析学情，利用可视化思维工具，让学习者的探究和思考可视化。

2. 基于学情分析

从"表达自己观点"这一口语表达能力来看,学生在四年级时能够围绕话题发表看法,注重核心信息,不跑题;能使用卡片提示讲述内容,避免遗漏主要信息。在五年级时,学生能够选择恰当的材料支持自己的观点,清晰地分条陈述,并按顺序有条理地表达。到了六年级,大部分学生有兴趣尝试辩论,能从多个角度说明自己的观点,但抓住对方讲话中的矛盾和漏洞并进行合理反驳,则是此前未曾尝试的挑战。

中期反思

针对学生的兴趣与疑问,我们如何回应以支持学生的自主探究(差异化教学)?

科幻元素这一话题本身就极具魅力,当教师给出本单元的真实情境任务是在学校科技月举办一场科幻作品发布会时,学生对本单元的学习充满了期待。在前测问题墙上,教师关注到学生围绕自己的生活提出了很多真实的问题,如"科幻元素如何能真实地融入生活中?",这就需要让学生与学习"自己"联结。单元的子任务一和子任务二分别是"设计科幻故事海报"和"辩论达人秀",前者是研究科幻故事的特点、学生思考、展开联想,将书中的科学家与自己建立联系,与身边熟知的生活经验建立联系,并让学生通过阅读、上网查找资料、观摩科技馆等方式探究自己的问题。

教后反思

1. 我们的教学策略在多大程度上帮助学生理解?

第一,本单元为学生创设了真实情境任务驱动学生探究,教师和学生一起根据任务制订学习计划,制定成功标准。

第二,在教学过程中,我们每节课都围绕学生的真实问题展开,采用探究式学习方法,围绕真实问题,在完成任务的过程中,实现概念性理解。

第三,教师提供学习探究的思维路径,帮助学生生成学习档案,汇编科幻作品集,并提供思维可视化工具,如 CSQ 表,4C 表等。

第四,课堂采用合作学习的方式发展学生的交往协作能力。在单元学习中,我们采取了小组合作学习、同伴互助的学习方式,让学生在与多人交流中习得语言、运用语言解决问题,发展交往协作能力。

2.哪些主要证据证明学生发展了对"KUD"的理解?

其一,课堂上对学生的观察。整个探究过程的投入程度、过程中的反思表、子任务的形成性评估,都很好地证明了学生对"KUD"的理解程度。

其二,在本单元的学习中,从前测开始,学生选择最感兴趣的科幻元素,自主查找和整理资源,提炼自己需要的信息。在过程中,学生不断遇到新问题,解决新问题,和同伴互助学习,发展了交往协作能力。学生创编的科幻故事成果展示证明了他们对"KUD"的理解。

第四章

语文：看世界风情，传中华文化——
讲好中国故事，树立文化自信

单元主题：看世界风情，传中华文化。

单元内容：统编版语文五年级下册第七单元。

单元大观念：文化具有多样性和复杂性，了解世界各地文化可以扩大
　　　　　　视野；理解、尊重、欣赏、包容不同文化；认识世界文
　　　　　　化的多元性；认识中华文化的博大精深，形成民族文化
　　　　　　自信。

单元大任务：举办一场中国的世界文化遗产宣讲会。

设计者：陈武、姚燕涣、陈宇媚、陈海燕、赖莹、齐颖、梁演文、郑
　　　　聪敏、郑吟芳。

一、单元内容分析

本单元《威尼斯的小艇》《牧场之国》《金字塔》三篇课文介绍了国外风光，教师在引导学生放眼世界的同时，要胸怀祖国，所以在习作训练中学生将从众多"中国的世界文化遗产"中选取一处加以介绍。本单元教学就是一次指导学生"讲好中国故事"的过程，让学生知道我们伟大祖国有很多举世瞩目的文化遗产，进而激发学生热爱祖国大好河山和灿烂文化的情感，树立文化自信。

二、单元整体设计思路

本单元属于"文学阅读与创意表达"学习任务群。大观念是"文化具有多样性和复杂性，了解世界各地文化可以扩大视野；理解、尊重、欣赏、包容不同文化；认识世界文化的多元性；认识中华文化的博大精深，形成民族文化自信"。

学生通过整体学习，运用动静态描写、图文结合等创意方式，表达自己独特的体验和思考，进而撰写宣讲词。

"看世界风情，传中华文化"大单元·大观念教学导图如图 4-1 所示。

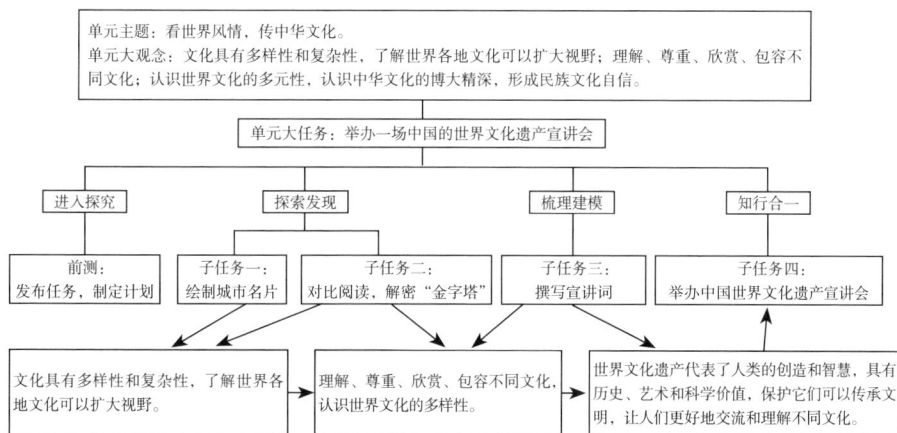

图 4-1 "看世界风情，传中华文化"单元教学导图

三、单元整体教学设计（表4-1）

表4-1　单元整体教学设计

<table>
<tr><td colspan="4" align="center">（一）单元基本信息</td></tr>
<tr><td rowspan="2">单元
主题</td><td align="center">主题名称</td><td align="center">三大维度</td><td align="center">六大领域</td></tr>
<tr><td>看世界风情，传中华文化</td><td align="center">自然维度</td><td align="center">世界如何运转</td></tr>
<tr><td rowspan="2">教材
内容</td><td>涉及教材
内容</td><td colspan="2">部编版语文五年级下册第七单元：《威尼斯的小艇》《牧场之国》《金字塔》</td></tr>
<tr><td>对应的
课程标准</td><td colspan="2">　　第三学段"文学阅读与创意表达"学习任务群要求学生在语文学习中"阅读表现人与自然的散文等优秀文学作品，观察感受自然与社会，用口头或者书面的方式表达对自然的观察与体验，表达自己独特的体验与思考，尝试创作文学作品"。另外，"学业质量"部分有针对性地提出阅读、表达、评价三方面的建议与要求</td></tr>
<tr><td rowspan="2">学科
概念</td><td colspan="3">跨学科概念：交流、联系（认同、文化）</td></tr>
<tr><td colspan="3">学科概念：受众需要、自我表达、手法（静态、动态）</td></tr>
<tr><td rowspan="3">探究
问题</td><td colspan="3">事实性问题：
1.静态描写和动态描写有什么作用？
2.什么是世界文化遗产？</td></tr>
<tr><td colspan="3">概念性问题：
1.如何撰写宣讲词，才能引发读者的兴趣？
2.如何讲解才能让人产生共鸣，让听众感受到对文化的自信和自豪？
3.为什么要继承和弘扬中华文化？</td></tr>
<tr><td colspan="3">辩论性问题：无</td></tr>
<tr><td colspan="4" align="center">（二）单元学习目标</td></tr>
<tr><td align="center">大观念【U】</td><td align="center" colspan="2">新知识【K】</td><td align="center">新能力【D】</td></tr>
<tr><td>　　文化具有多样性和复杂性，了解世界各地文化可以扩大视野；理解、尊重、欣赏、包容不同文化；认识世界文化的多元性；认识中华文化的博大精深，形成民族文化自信</td><td colspan="2">　　1.知道景物有静态之美和动态之美；灵活运用静态描写和动态描写，可以展现出事物的不同面貌和特征，使文章生动有趣，富有感染力
　　2.根据获取的信息，通过排序、比较，找出主要观点，总结、概括、分析信息，得出结论
　　3.每个地方都具有代表性的事物，介绍清楚一个地方需要从不同角度搜集资料，并对资料进行筛选、整理</td><td>　　1.思辨能力
　　（1）欣赏文本中的静态描写和动态描写，并积累运用、恰当使用
　　（2）通过书面和口头方式，把获取的信息、得出的结论进行展示
　　2.写作能力：在搜集筛选资料后，能用自己喜欢的形式，清晰、有条理地介绍一处景物或事物
　　3.交流能力：能根据听众反应对讲解的内容进行调整</td></tr>
</table>

（三）单元学习评价证据

<table>
<tr><th rowspan="3">表现性评价任务</th><th>目标</th><th>角色</th><th>受众</th><th>情境</th><th>作品</th></tr>
<tr><td>综合运用主题单元所学的知识、技能以及观念撰写中国的世界文化遗产宣讲词</td><td>宣讲员</td><td>观众</td><td>在"文化和自然遗产日"向全校同学推广中国的世界文化遗产</td><td>汇编宣讲词</td></tr>
<tr><td colspan="5">学习引导语：
今年6月8日是"文化和自然遗产日"，学校要举办宣讲活动，现将选拔中国的世界文化遗产宣讲员，向同学们推广中国的世界文化遗产。请你选取一处中国的世界文化遗产，搜集的相关资料，分类整理，撰写宣讲稿，用你喜欢的方式进行讲解</td></tr>
</table>

<table>
<tr><th rowspan="8">表现性任务评价量规</th><th>任务维度</th><th>超出成功标准</th><th>满足成功标准</th><th>接近成功标准</th><th>远未达到成功标准</th></tr>
<tr><td>内容</td><td>在满足成功标准的基础上，继续达到：
1. 结构清晰有条理，重点突出，选取最具代表性的景观进行解说
2. 能够运用丰富恰当的表达方法展现自己独到的观察，展现景观之美，表现出对自然之美的情感</td><td>1. 有目的地搜集一处中国世界文化遗产的相关资料，并分类整理
2. 引用资料要准确，注明资料来源
3. 能用自己的话，有条理地将搜集的资料写下来，至少有三处用动静态的描写方法展现自己独到的观察，树立文化自信</td><td>1. 分类整理中国世界文化遗产的相关资料，资料与景观基本相关
2. 较为清晰地记录资料来源
3. 至少有一处运用动静态描写的方法展现自己独到的观察，传递自己的所见所闻</td><td>未达到所列出满足成功标准的三项基本要求</td></tr>
<tr><td>表达</td><td>在满足成功标准的基础上，继续达到：
1. 能传递真实情感，打动听众，让听众产生共鸣
2. 讲解时满怀兴趣，高情感表达，充分吸引听众，能和听众进行积极互动，让观众产生文化自信和文化认同感</td><td>1. 用图片、表格、PPT等多种形式进行介绍
2. 能够恰当运用表达方法，清晰有条理地表达所要介绍景观的所见所闻所感，并在解说时根据听众反应随机调整</td><td>1. 用图片、表格、PPT等辅助形式，进行介绍
2. 解说时较为清楚，语气适当，动作自然</td><td>未达到所列出满足成功标准的两项基本要求</td></tr>
</table>

<table>
<tr><th>其他评估证据</th><td>围绕表现性任务，在开展系列学习活动过程中产生学习成果。例如，文化遗产记录卡、阅读计划、读书笔记、小练笔、小研究、习作、汇报PPT等</td></tr>
</table>

	（四）单元学习探究设计			
	任务名称	学科概念	子观念/单元大观念	课时
结构化子任务	子任务一：绘制城市名片	手法（静态、动态）	文化具有多样性和复杂性，了解世界各地文化可以扩大视野	3
	子任务二：对比阅读，解密"金字塔"	受众需要、自我表达、手法	理解、尊重、欣赏、包容不同文化，认识世界文化的多样性	3
	子任务三：撰写宣讲词	受众需要、自我表达、手法	世界文化遗产代表了人类的创造和智慧，具有历史、艺术和科学价值。保护它们可以传承文明，让人们更好地交流和理解不同的文化	3
	子任务四：举办中国的世界文化遗产宣讲会	/		2

四、探究活动设计

发布单元任务与前测

【学习要点】激趣、进行前测、发布任务、初步创作。

【学习活动】

活动一：前测激趣

（1）什么是世界文化遗产？你知道的世界文化遗产有哪些？

（2）如果让你介绍，你会选择哪一处？为什么选择它？

活动二：发布任务和评价量规

（1）创设情境：今年6月8日是"文化和自然遗产日"，学校要进行宣讲活动，现将选拔中国的世界文化遗产讲解员，向同学们推广中国的世界文化遗产。请你有目的地搜集一处中国世界文化遗产的相关资料，分类整理，撰写讲解稿，用你喜欢的方式进行讲解。

（2）出示表现性任务量规

（3）学生完成思维可视化工具TPE表（表4-2）。

表4-2　思维可视化工具TPE表

T（我感兴趣的）	P（我的疑惑）	E（我接下来想做的事）

活动三：初步创作

学生根据自己已有的知识和经验尝试撰写宣讲稿。

【设计说明】

单元学习一开始，学生需要交流讨论这些问题：什么是世界文化遗产？你知道的世界文化遗产有哪些？如果让你介绍，你会选择哪一处？为什么选择它？老师发布任务，学生运用 TPE 思维工具来填写接下来的兴趣点、疑惑点、探究的方向，以此使得学习有目的性和针对性。

子任务一：绘制城市名片

【学习目标】

子观念：文化具有多样性和复杂性，了解世界各地文化可以扩大视野。

新知识：灵活运用静态描写和动态描写，可以展现事物的不同面貌和特征，使文章生动有趣，富有感染力。

新能力：欣赏文本中的静态描写和动态描写、并积累运用、恰当使用。

【探究问题】

作者如何把威尼斯风光描写得如此独特？

【学习活动】

活动一：绘制威尼斯名片

（1）默读课文《威尼斯的小艇》，说说课文写了小艇什么内容。

（2）威尼斯给你留下了什么印象？作者是如何表达的？学生完成 TPE 思维工具（表 4-3）。

表 4-3　思维可视化工具 TPE 表

T（我感兴趣的）	P（我的疑惑）	E（我接下来想做的事）

（3）交流探究成果，总结描写方法。

活动二：绘制荷兰名片

（1）运用所学方法先自学"牧场之国"。

（2）小组合作完成表格（表 4-3）。

活动三：总结反思，谈启发

交流分享。

【设计说明】

进入"探究发现"环节，我们先设计了子任务：绘制城市名片。此处运用思维工具 TPE 表，旨在探究本文作者如何介绍威尼斯，即选取最有代表性的景观——小艇来描写，为后续的任务打下基础。接着学生运用 1＋N 的学习方法继续探究《牧场之国》，回答问题:《牧场之国》中的荷兰给你留下了什么印象？作者又是如何表达的？学生在此过程中初探宣讲词写作技巧。

子任务二：对比阅读，解密"金字塔"

【学习目标】

子观念：理解、尊重、欣赏、包容不同文化，认识世界文化的多样性。

新知识：根据获取的信息，经过排序、比较，找出主要观点，总结、概括、分析信息，得出结论。

新能力：通过书面和口头方式，把获取的信息、得出的结论进行展示。

【探究问题】

如何撰写宣讲词才能引发读者的兴趣？

【学习活动】

活动一：阅读及查询，初步了解金字塔

说说你对金字塔有什么了解？你是通过什么方法（联系资料、猜测、依据课文）了解的？

活动二：直观对比，寻找"不一样"

（1）阅读课文，小组合作找出两篇文章不一样的地方，完成表格（表4-4）。

表4-4 文学作品对比表

文章	《金字塔夕照》	《不可思议的金字塔》
体裁		
内容		
形式		

文章	《金字塔夕照》	《不可思议的金字塔》
写法		
……		

（2）说说你更喜欢哪篇课文，为什么？

活动三：解密"金字塔"

结合课文信息和课外阅读，说说关于金字塔的"不可思议"你有什么看法？运用思维工具4C（图4-2）为金字塔绘制"解密档案"。（可以围绕课文批注进行发散探究：为什么在几千年里一直没有出现比它更高的建筑呢？当时的人们是怎么修建金字塔的呢？如此精湛的工艺，几千年前的工匠们是怎么实现的呢？金字塔为什么要建在尼罗河的附近？……）

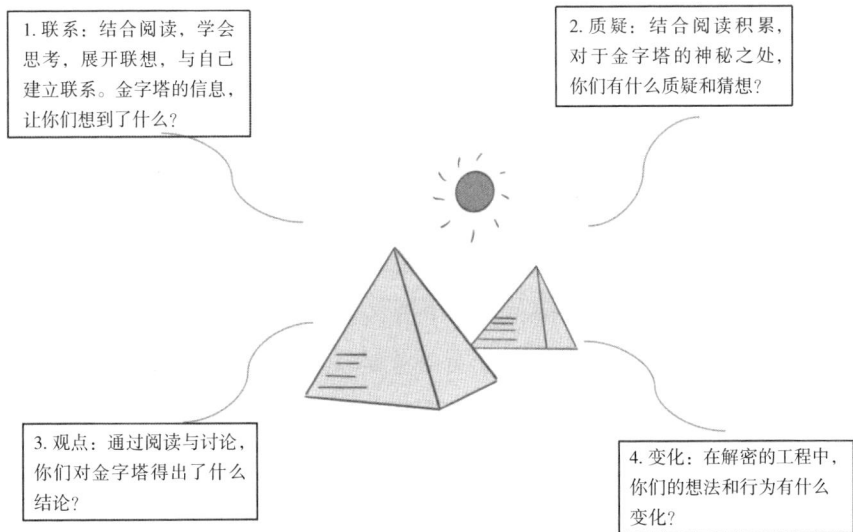

图4-2 思维工具4C

活动四：总结反思，谈收获

（1）请回顾本次解密之旅，填写表格（表4-5），说说你的收获和改变，想一想这些收获为我们成为"金牌讲解员"有什么助力？

表4-5 思维可视化工具I-N表

以前我认为	现在我认为

（2）你打算怎么搜集资料？用什么方式？打算用什么形式汇报？填写资料搜集汇报表（表4-6）。

搜集小技巧：

①确定自己搜集资料的途径（可到图书馆借阅书籍、上专题网站浏览、采访他人）。

②根据需要广泛搜集资料，并把资料及其来源记录下来。

③对资料进行按需整理（分类、筛选、剔除、缩减或者补充）。

表4-6　资料搜集汇报表

我搜集的资料	我搜集的途径	汇报形式
如"中国的世界文化遗产名录""我喜欢的中国的世界文化遗产介绍""我家乡或游玩的有趣景点介绍"（用非连续性文本方式）		

【设计说明】

子任务二的活动中，学生先通过阅读查询，初步了解金字塔。随后结合课文，对比阅读散文《金字塔夕照》和非连续性文本《不可思议的金字塔》，以表格的形式，小组探究找出两篇文本不一样的地方，如体裁、内容、形式、写法等。通过此活动，学生不仅完成课文文本的学习，还为最终任务的完成打下基础，学习名家写作。

在这次子任务中，通过学习"金字塔"，学生体会不同文体的表达效果。教学以解密"金字塔"为导向，引导学生运用思维工具4C从课内联系到课外，引发学生质疑，通过查询和整理资料进行论证，得出自己的观点。除了使用4C这个思维工具，我们还用画廊漫步的方式让课堂动起来、活起来：小组交流完成板报后，张贴在教室内，随着音乐在教室内漫步，在各组海报前，欣赏、点赞、提出疑问等。这有助于激发学生对解密档案的各种想法，如金字塔的诅咒、金字塔的不同功能、金字塔的天文学、金字塔的神奇盗墓等。

子任务三：撰写宣讲词

【学习目标】

子观念： 世界文化遗产代表了人类的创造和智慧，具有历史、艺术和科学价值。保护它们可以传承文明，让人们更好地交流和理解不同的文化。

新知识：每个地方都具有代表性的事物，介绍清楚一个地方需要从不同角度搜集资料，并对资料进行筛选、整理。

新能力：在搜集筛选资料后，能用自己喜欢的形式，清晰、有条理地介绍一处景物或事物。

【探究问题】

如何撰写宣讲词，才能引发读者的兴趣？

【学习活动】

活动一：梳理搜集的资料

根据你要介绍的中国的世界文化遗产，有目的地搜集相关资料并进行分类整理，完成资料搜集、梳理（可以从以下角度进行梳理：遗产所在地；荣誉；所属遗产类型：建筑之美、藏品之美、典故之美……历史背景；珍贵价值等）。

活动二：撰写宣讲词

（1）回顾课文及绘制城市名片的方法，说一说如何成功介绍景观。

①选择最具有代表性的事物进行解说，动态描写和静态描写的运用能让解说词更加形象生动，具有画面感。

②解说词中要加入对所介绍景观的所见所闻所感，从而体现解说员细致的观察和感受。

③综合运用多种表达方法能让解说词更加吸引人。

（2）结合资料，运用恰当的表现手法，清晰、有条理地撰写宣讲词。

（3）根据表现性任务量规中"内容"这一任务维度的评价标准进行评价。

活动三：学生自行学习反思（表4-7）

表4-7 思维可视化工具I-N表

以前我认为	现在我认为

【设计说明】

基于之前的学习活动，学生兴趣浓厚，不断搜集自己的资料，以此完善资料搜集卡。这里设计的子任务三就是要求学生用之前所学习的非连续性文本的方式梳理前期搜集的资料，形成宣讲词资料搜集卡，并回顾课文及绘制的名片来撰写宣讲词。最后为了达成子任务四，师生共同讨论宣讲会的细节。这期间，阅读也在继续推进中，学生阅读多种相关书籍、散文，吟诵相关古诗，如《望岳》《望庐山瀑布》《黄鹤楼》，还有一些名家选文，如《黄山奇石》、季羡林的《琼楼玉宇，高处不胜寒》选段，冯骥才的《维也纳生活圆舞曲》选段等。输入是吸收，输出是吐纳，多阅读，学生方能下笔如有神。

子任务四：举办中国的世界文化遗产宣讲会

【学习目标】

子观念： 世界文化遗产代表了人类的创造和智慧，具有历史、艺术和科学价值。保护它们可以传承文明，让人们更好地交流和理解不同的文化。

新知识： 每个地方都具有代表性的事物，介绍清楚一个地方需要从不同角度搜集资料，并对资料进行筛选、整理。

新能力： 能根据听众的反应，对讲解的内容作调整。

【探究问题】

如何讲解中国的世界文化遗产，才能让人产生共鸣，让听众感受对中华文化的自豪与自信？

【学习活动】

活动一：师生共同回顾宣讲评价量规表

讨论问题：如何宣讲能产生感染力，让听众产生共鸣？

活动二：学习讲解技巧，组内帮助打磨

（1）学习讲解技巧，个人练习讲解。

（2）组内展示推优，组内帮助打磨。

活动三：全班展示交流，评选最佳宣讲员

【设计说明】

在这一系列活动中，宣讲会即将被推向高潮。举办一场中国的世界文化遗产宣讲会蓄势待发，文化自信和民族认同感不断增强，在这样的高情感推动下，学生充满感染力地为听众介绍自己喜欢、了解的中国世界文化遗产。在推进过程中，使用I-N工具（即过去我认为……现在我认为……）帮助知识迁移、运用与反思，让学生在实践中验证观念、理解，进而反思实践与理解。

汇编学习档案及学习反思

【学习要点】

（1）整理汇编，形成学习档案。

（2）单元学习总结和反思。

【学习活动】

填写表格，梳理收获（表4-8）。

表4-8　思维可视化工具I-N表

以前我认为	现在我认为

【设计说明】

在大观念教学设计和实践中，要结合真实的表现性任务，让学生有代入感。汇编学习档案集能够让学生看到自己的作品被收录在书中，他们整理学习档案的过程就是进一步梳理自己学习的过程，能够激发学生的学习兴趣，同时提升学生批判性思维能力和自主学习能力。

五、教学反思

教前反思

1.基于教学目标的反思

在本单元的教学设计中，我们旨在引导学生深入探索世界文化的多元性及中华文化的深厚底蕴，从而培养学生的民族文化自信。教学的核心目标是使学生理解文化的多样性和复杂性，并通过学习《威尼斯的小艇》《牧场之国》《金字塔》等课文，让学生能够选取代表性景观参与"中国的世界文化遗产宣讲会"，在此过程中扩大视野，学会理解、尊重、欣赏和包容不同文化。

2.基于学情的反思

在回顾学生以往的学习经验时，我们发现学生已经具备了一定的整合信息和介绍事物的能力。从三年级开始，学生就学习了如何整合信息并介绍事物；四年级时，他们完成了推荐一个好地方的主题习作，进一步提升这方面能力；到五年级上学期，学生已经能够搜集资料，用说明方法清晰地介绍事物，并初步感受动态描写和静态描写的魅力。

尽管学生已经具备一定的基础，但要深入理解世界各地的自然与人文景观的魅力，并在此基础上表达个人的思想情感，仍然需要教师的专业指导和引导。

中期反思

针对学生的疑问及探索，我们如何借助思维工具引导学生构建自我思维系统？

在完成单元表现性任务过程中，学生多聚焦于景物的信息，语言的表达能力仍需提升。这一现象让我们意识到，学生需要一些明确的思维路径来帮助他们整理思路。这正是本单元发生的变化，学生要能清晰地组织和安排内容的呈现次序，根据不同的情境和对象调整自己的语言风格，有效传达思想和情感。针对这一现象，我们有针对性地选择多种思维工具，期望学生能借助思维工具构建自我思维系统，进行更加深入地思考。

教后反思

1. 我们的教学策略在多大程度上帮助学生？

通过创设"中国的世界文化遗产宣讲会"这一真实情境作为任务驱动，教师鼓励学生积极参与，学生在每个课时的展开都紧紧围绕这一表现性任务进行探究。教师注重引导学生大胆想象和质疑，帮助他们解决在完成任务过程中遇到的困难。在整个任务的推进中尊重学生的主体地位，让学生成为课堂的主人，主持课堂，推进课堂，激发学生的内驱力。

在学习过程中，我们运用了多种思维工具，如绘制城市名片，绘制金字塔解密档案，运用 TPE、4C 等思维工具引导学生使用喜欢的方式去更加深入了解相应的内容。这些工具不仅帮助学生从多个角度深入了解文本内容，还促使他们形成自己的见解和观点。通过这些活动，学生逐渐形成系统和深入的分析能力，为他们终身学习奠定坚实基础。

在合作学习方面，我们充分利用小组合作、师生合作等方法，让学生不仅学会如何与他人有效沟通、协作，还在团体中找到自己的位置和价值。这种合作学习的方式不仅提高了学生的学习效果，还帮助他们学会如何独立思考、分析问题，如何与他人合作、共同完成任务。

2. 哪些主要证据证明学生发展了对"KUD"的理解？

一是终结性评估——单元大任务完成的表现。学生通一段时间的学习，成功举办了"中国的世界文化遗产宣讲会"，并将宣讲内容汇编成集。最终成果是对大观念的可视化呈现，而达成这个表现性任务是由一个个子任务构建起来的。单元的评价量规贯穿于整个学习过程，最终又以宣讲会作为总结性评估，整个过程环环相扣，层层递进。宣讲会的内容丰富、条理清晰，体现了学生对中国的世界文化遗产的深入理解与独到见解。

二是思维可视化工具的运用。在整个学习过程中，学生积极运用可视化思维工具（如思维导图、信息卡片等）进行知识整理与概念构建。这些工具不仅帮助学生更加系统地理解文本内容，还促使他们不断反思自己的学习过程，提高元认知能力。

三是形成性评估。形成性评估贯穿于整个学习过程，为学生提供及时的反馈与指导。课堂交流、同学之间的反馈都为学生提供展示自己学习成果的机会。通过这些活动，我们能够及时了解学生的学习情况，发现他们的优点与不足，并据此调整教学策略。同时，学生也能在评估中认识自己的进步与不足，从而有针对性地进行自我提升。这些形成性评估的记录不仅反映了学生对"KUD"的理解程度，还为他们后续的学习提供宝贵的参考。

本次教学实践表明，结合真实表现性任务和可视化思维工具的应用，能显著提升学生的综合能力。未来，我们将继续探索更多富有创意的教学方法，以进一步激发学生的学习兴趣，同时加强对学生批判性思维和自主学习能力的培养。此外，我们也将重点关注学生个体差异，提供更个性化的学习支持，以确保每名学生都能在学习中获得全面而深入的进步。

第五章

语文：我心中的乐园——
对自然和生命的热爱

单元主题：我心中的乐园。

单元内容：统编版小学语文四年级下册第一、五单元。

单元大观念：景物描写中融入真挚情感，不仅能够深刻展现作品内涵，
　　　　　　　还能表达对自然和生命的热爱。

单元大任务：举办"我心中的乐园"分享会。

设计者：林斯静、林小宝、朱平、詹妮、刘耀丽、李洁颖。

一、单元内容分析

统编版小学语文四年级下册第一单元以"乡村生活"为主题选文，运用细腻生动的语言文字，勾勒出乡村静谧与美好的画卷。学生在深入学习《古诗词三首》《乡下人家》《天窗》和《三月桃花水》等文本的过程中，既能积累丰富的语言素材，又能从字里行间感悟作者对乡村生活的热爱和向往之情，进而产生对大自然的敬畏之心，对提升学生的阅读理解能力与文学鉴赏水平具有极为重要的意义。

第五单元的课文则聚焦于描绘自然景观以及游记的写作技巧。通过学习《海上日出》《记金华的双龙洞》以及习作例文《颐和园》《七月的天山》，探究作者的写作顺序和情感表达的方法，深刻体会其对自然景观的赞美之情。

本单元设计将第一、五单元的学习内容进行有机融合，有利于学生对情景交融、借景抒情、自我表达、写作顺序等学科概念形成理解并加强自主应用的意识，无意识提升学生的语言表达和审美创造能力。

二、单元整体设计思路

本单元围绕"我心中的乐园"这一主题，在大观念"景物描写中融入真挚情感，不仅能够深刻展现作品内涵，还能表达对自然和生命的热爱"的引领下，以"举办'我心中的乐园'分享会"为大任务，依据探究循环的逻辑推进教学。

在探究发现阶段，有两个核心任务：一是"探寻'乐园'的景与情"，学生深入研读第一单元的课文，包括《古诗词三首》《乡下人家》等，通过品味田园风光的独特魅力和乡村生活的质朴美好，感受作者对乡村生活的热爱和向往之情。二是"解码'乐园'游踪的顺序"，在《海上日出》《记金华的双龙洞》等课文的学习中，学习"抓住景物特点，按一定顺序描写景物"的方法。

随着单元教学的推进，学生运用所学的写作方法和技巧，书写"我心中的乐园"，并通过文本写作及制作短视频的方式，将个人对自然美的感悟与理解转化为具体的文学艺术表达形式，展示他们对自然美景以及人文情怀的探究成果。

最后，学生将汇总整个单元的学习成果，并进行深度反思，借助"转述"方式，向组员和老师分享自己的学习收获。借助这一环节，学生得以将所学知识内化于心，逐步形成深刻理解，实现知行合一。

"我心中的乐园"大单元·大观念单元教学导图如图5-1所示。

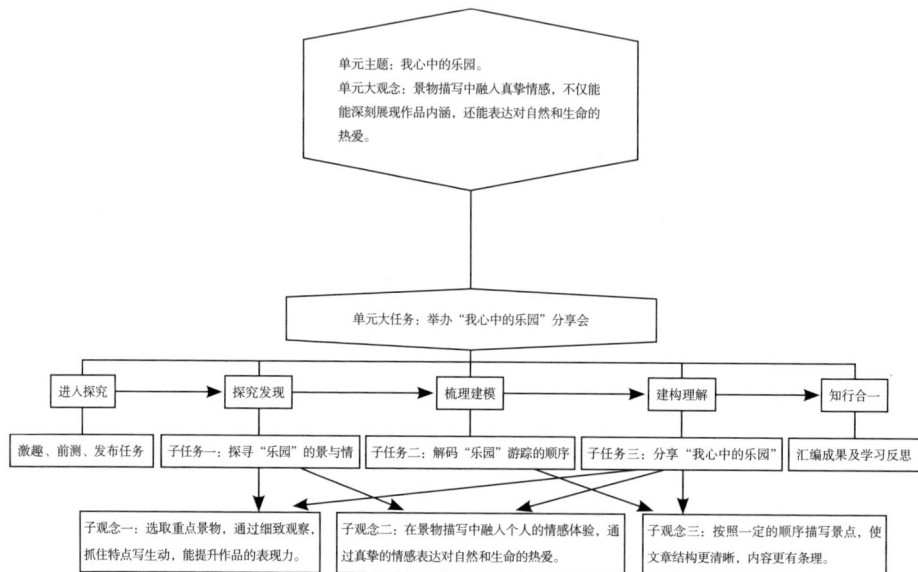

图5-1 "我心中的乐园"单元教学导图

三、单元整体教学设计（表5-1）

表5-1 单元整体教学设计

（一）单元基本信息			
单元主题	主题名称	三大维度	六大领域
	我心中的乐园	自我维度	我如何表达自己
教材内容	涉及教材内容	统编版小学语文四年级下册第一、五单元（《四时田园杂兴（其二十五）》《宿新市徐公店》《清平乐·村居》《乡下人家》《天窗》《三月桃花水》《海上日出》《记金华的双龙洞》，习作例文《颐和园》《七月的天山》，口语交际《转述》，习作《我的乐园》，习作《游_____》，语文园地一）		

教材内容	对应的课程标准	阅读与鉴赏： 1. 用普通话正确、流利、有感情地朗读课文 2. 能联系上下文，理解词句的意思，体会课文中关键词句表达情意的作用。能借助字典、词典和生活积累，理解生词的意义 3. 能初步把握文章的主要内容，体会文章表达的思想感情 表达与交流： 1. 乐于用口头、书面的方式与人交流沟通，愿意与他人分享，增强表达的自信心 2. 能用普通话交谈，学会认真倾听，听人说话时能把握主要内容，并能简要转述。能就不理解的地方向人请教，就不同的意见与人商讨 3. 能清楚明白地讲述见闻，说出自己的感受和想法 4. 观察周围世界，能不拘形式地写下自己的见闻、感受和想象，注意把自己觉得新奇有趣或印象最深、最受感动的内容写清楚 文学阅读与创意表达： 阅读描绘大自然、表现人类美好情感的诗歌、散文等文学作品，结合自己的生活体验，尝试用文学语言表达自己热爱自然、珍爱生命的情感
学科概念		跨学科概念：形式、审美、变化 学科概念：阅读鉴赏、借景抒情、情景交融、思想感情、自我表达、写作顺序
探究问题		事实性问题： 1. 景物描写的方法有哪些？ 2. 按照什么顺序描写可以让表达更加清晰、有条理？ 概念性问题： 1. 作者是如何把抓住景物特点，并按一定的顺写把一处景点写清楚的？ 2. 作家在描写景物的过程中如何表达情感？ 3. 如何介绍自己的"乐园"，才能吸引观众？ 辩论性问题： 在写景的文章中，应该更侧重于个人情感的表达，还是景物描写？

（二）单元学习目标

大观念【U】	新知识【K】	新能力【D】
景物描写中融入真挚情感，不仅能够深刻展现作品内涵，还能表达对自然和生命的热爱。 1. 选取重点景物，通过细致观察，抓住特点写生动，能提升作品的表现力 2. 在景物描写中融入个人的情感体验，通过真挚的情感，表达对自然和生命的热爱 3. 按照一定的顺序描写，使表达更清晰，内容更有条理	1. 掌握本单元生字词、多音字的读写，朗读、背诵诗文 2. 能抓住关键语句体会课文表达的思想感情 3. 能按顺序介绍一个地方或一处景物 4. 知道情景交融是在景物描写中融入了作者的主观感情 5. 转述不仅要认真倾听，还要记住别人话语的要点	1. 创意表达能力：能按一定的顺序、运用情境交融、借景抒情等方法描写一处景物或介绍一个地方，并通过文本写作、录制视频等多种形式的表达 2. 自我管理能力：合理制定规划，设定目标，并在特定的时间范围内承担并完成任务 3. 协作资讯科技能力 （1）从多种媒体和信息源中筛选和整合信息 （2）在小组内进行分工合作，共同完成研究和展示任务 （3）清晰、有逻辑地表达自己的观点，同时倾听他人的想法

<table>
<tr><td rowspan="2">表现性评价任务</td><td colspan="5">（三）单元学习评价证据</td></tr>
<tr><td colspan="5">举办"我心中的乐园"分享会</td></tr>
</table>

	目标	角色	受众	情境	作品
表现性评价任务	通过举办"乐园"分享会，学生能够运用所学的景物描写的相关知识，展示他们对"乐园"的理解与创作，提升语言运用和情感表达能力	"乐园"推荐官	班级同学、老师、家长	在"十岁成长礼"活动中，学生通过短视频，向观众分享自己心中的"乐园"	"我心中的乐园"短视频

学习引导语：

亲爱的同学们：

十岁，是一个新的起点，标志着我们从儿童迈向了青少年；乐园，对我们每个人来说，都是一个特别的地方，它可能是一个充满欢笑的游乐场，一片静谧的自然风光。在"十岁成长礼"这个特别的活动中，我们通过举行"我心中的乐园"分享会，化身为一名推荐官，向大家分享你心中的乐园，一起回顾成长路上那些难忘足迹与快乐记忆，向成长致敬。

在这次活动中，你们将通过文字和镜头，把自己心中的乐园展现给大家，和同学、老师一起分享那些给予你们快乐记忆和成长力量的地方

	举办"我心中的乐园"分享会评价量规			
表现性任务评价量规	超出成功标准	满足成功标准	接近成功标准	远未达到成功标准
	除了成功标准中所列出的基本要求外，还包括： 1. 解说内容生动有趣，能够吸引观众的注意力 2. 推荐官能够很好地与观众互动，展现出对乐园的深刻理解和热情	1. 文章结构较为清晰，能按一定的顺序描写 2. 景物描写细腻生动，情感表达真挚，能够让读者深刻感受到乐园的魅力 3. 视频画面清晰，声音洪亮，能够清楚地介绍乐园的主要景点	满足成功标准所列出的其中两项基本要求	未满足成功标准所列出的其中一项基本要求

其他评估证据	思维导图、阅读计划、读书笔记、乐园介绍卡、习作等

	（四）单元学习探究设计				
结构化子任务	任务名称	探究问题	大观念	学习资源	课时
	发布单元任务与前测	/	/	课外阅读	4

结构化子任务	子任务一：探寻"乐园"的景与情	1. 景物描写的方法有哪些？ 2. 作家在描写景物的过程中如何表达情感？ 3. 在写景的文章中，应该更侧重于个人情感的表达？还是景物描写？	子观念一：选取重点景物，通过细致观察，抓住特点写生动，能提升作品的表现力 子观念二：在景物描写中融入个人的情感体验，通过真挚的情感，表达对自然和生命的热爱	《四时田园杂兴（其二十五）》《宿新市徐公店》《清平乐·村居》《乡下人家》《天窗》《三月桃花水》，口语交际《转述》，语文园地一，习作《我的乐园》	8
	子任务二：解码"乐园"游踪的顺序	1. 按照什么顺序描写可以让表达更加清晰，内容更有条理？ 2. 作者是如何把游览景点的过程或一处景观写清楚的？	子观念三：按照一定的顺序描写，使表达更清晰，内容更有条理	《海上日出》《记金华的双龙洞》，习作例文《颐和园》《七月的天山》，习作《游_____》	8
	子任务三：分享"我心中的乐园"	如何介绍自己的"乐园"，才能更好地吸引观众？	景物描写中融入真挚情感，不仅能够深刻展现作品内涵，还能表达对自然和生命的热爱	课外阅读、习作	3
	汇编成果及学习反思	/		/	2

四、探究活动设计

发布单元任务与前测

【学习要点】激趣、发布任务、进行前测、制订计划、基础积累。

【学习活动】

活动一：激趣

（1）谈话导入：展示语文园地一中描述乡村和城市的词语，自由朗读，引导学生分享他们对城市和乡村风貌的了解，以及个人的感受，引出话题"我心中的乐园"。

（2）全班交流：你心中的乐园是什么地方？为什么？

活动二：发布任务

（1）创设情境：在"十岁成长礼"活动中，班级将开展"我心中的乐园"

分享会。

（2）明确任务：选取一个最有代表性的地方，按顺序写清楚景物的特点，表达真挚的情感，并制作相应的短视频。

（3）师生初步评价标准：师生共同制定评价标准。

活动三：进行前测，生成计划

（1）进行前测：通过第一单元的习作页，指导学生思考如何选择"心中的乐园"，并借助"乐园"介绍卡（表5-2），以问题"如何介绍自己的乐园"为指引，学生进行"我心中的乐园"主题的初次写作。

表5-2　乐园介绍卡

项目	内容
乐园名称	
乐园位置	
主要景物	
难忘经历	
自己的感受	

（2）学生在问题卡片（图5-2）上写下自己的问题，可以是初次习作中遇到的问题、对本次任务存在的困惑等。随后教师用盒子把卡片装起来，在后面的任务中，可以在小结时让学生随机抽取卡片，尝试答疑。

要成为"乐园"推荐官，你会遇到什么问题或挑战？

图5-2　问题卡片

（3）推荐阅读、制订计划。

①书籍推介：根据本次主题，教师推荐有关写景的文学作品，并提供电子资源链接或图书馆藏书位置。

②阅读计划制定：学生制订自己的阅读计划，包括所选书目、阅读的时

间表和预期的学习成果。

活动四：单元整体感知

（1）初读第一、五单元课文。

（2）初步了解课文主要内容。

（3）初步学习生字词，老师检查学生字词掌握情况。

【设计说明】

在"进入探究"环节中，我们通过多样化的活动，激发学生对单元学习的的热情，同时为完成大单元任务打下坚实的基础。首先，教师用描写"城市和乡村"的词语打开话匣子，让学生畅聊熟悉的生活场景，说说它们让自己开心或怀念的原因。这种"回忆＋分享"就像给"乐园"主题装上情感按钮，让学生明白创作不是空想，而是从自己的感受出发。随后教师发布任务，学生尝试书写"我心中的乐园"，并将自己产生的疑问写在卡片上，带着问题去阅读，在"问题驱动—资源整合"循环中，将抽象的创作目标拆解为可操作的阶梯任务。

子任务一：探寻"乐园"的景与情

【学习目标】

子观念：

（1）选取重点景物，通过细致观察，抓住特点写生动，能提升作品的表现力。

（2）在景物描写中融入个人的情感体验，通过真挚的情感，表达对自然和生命的热爱。

新知识：

（1）掌握生字词、多音字的读写，朗读、背诵诗文。

（2）能抓住关键语句体会课文表达的思想感情。

（3）知道情景交融是在景物描写中融入了作者的主观感情。

新能力：

（1）能清晰、有逻辑地表达自己的观点，同时倾听他人的想法。

（2）将情景交融的写作方法应用到习作中。

【探究问题】

（1）景物描写的方法有哪些？

（2）作家在描写景物的过程中如何表达情感？

（3）在写景的文章中，应该更侧重于个人情感的表达，还是景物描写？

【学习活动】

活动一：探秘自然绮丽

（1）自由朗读课文《乡下人家》，思考：作者描写了乡下人家的哪几幅画面？表达了什么情感？

（2）全班交流，梳理课文描绘的画面——瓜藤攀架图、鲜花绽放图、雨后春笋图、鸡鸭觅食图、乡村晚餐图、秋虫夜鸣图。

（3）默读课文，根据探究问题"作者在文中如何表达对乡村生活的热爱和向往之情？"在文中做批注。

（4）小组交流，完成探究学习单（表5-3）。

表5-3 《乡下人家》探究学习单

探究问题：作者在文中如何表达对乡村生活的热爱和向往之情？		
关键词句	体会 （可以联系上下文、生活实际、课外阅读等）	写作方法

（5）小组汇报，全班交流。

活动二：细品情感表达

（1）自由朗读课文《天窗》《三月桃花水》，思考：作者笔下的天窗和三月桃花水各有什么特点，表达了什么情感？

（2）全班交流，梳理《天窗》中描写的乡下孩子童年生活的场景，以及《三月桃花水》中描绘的乡村生机盎然的景象。

（3）默读两篇课文，根据探究问题"作者在文中如何表达对乡村生活的热爱和向往之情？"在文中做批注。

（4）小组交流，完成探究学习单（表5-4）。

表5-4 《天窗》《三月桃花水》探究学习单

探究问题：作者在文中如何表达对乡村生活的热爱和向往之情？		
关键词句	体会 （可以联系上下文、生活实际、课外阅读等）	写作方法

（5）小组汇报，全班交流。

活动三：走进古诗中的乡村

（1）自由朗读古诗，读准字音，读出节奏。

（2）多形式朗读古诗，结合注释理解诗词大意。

（3）借助《古诗三首》探究学习单（表5-5），交流：诗人借助哪些景物来描绘乡村生活的画面，表达对乡村生活的喜爱之情？

表5-5 《古诗三首》探究学习单

古诗	景物	特点	想象到的画面
《四时田园杂兴（其二十五）》			
《宿新市徐公店》			
《清平乐·村居》			

（4）小组汇报，全班交流。

活动四：修改"乐园"初稿

（1）在本单元的诗文中，作者通过细致的观察和生动的景物描写表达了对乡村生活的热爱和向往之情。这对你书写自己心中的乐园有什么启发？

（2）全班交流：在写景的文章中，应该更侧重于个人情感的表达？还是景物描写？

（3）学生结合课文学习所得修改"乐园"介绍卡（表5-2）及习作初稿。教师巡视课堂，鼓励学生将所学方法运用于习作中帮助学生解决问题。

【设计说明】

在这一子任务中，教师通过引导学生深入阅读和分析文本，帮助他们理解作者如何通过细致的观察和生动的景物描写来展现自然之美，体会作者表达的情感。

还能在这个过程中激发他们的创造力和想象力，从而在自己的写作中融入真情实感，增强作品的感染力。

子任务二：解码"乐园"游踪的顺序

【学习目标】

子观念：按照一定的顺序描写景点，使文章表达更清晰，内容更有条理。

新知识：

（1）能抓住关键语句体会课文表达的思想感情。

（2）能按顺序介绍一个地方或一处景物。

新能力：

（1）能从多种媒体和信息源中筛选和整合信息。

（2）能清晰、有逻辑地表达自己的观点，同时倾听他人的想法。

【探究问题】

作者是如何把抓住景物特点，并按一定的顺写把一处景点写清楚的？

【学习活动】

活动一：课文探秘，解码"顺序性"

（1）学习课文《记金华的双龙洞》，出示探究问题"作者是如何把游览双龙洞的过程写清楚的？"

学习要求：默读课文，圈出关键词句，绘制游览路线图并标注关键景物。

（2）独立阅读与思考。

（3）小组讨论，共同完成探究学习单（表5-6）。

表 5-6 《记金华的双龙洞》小组探究学习单

探究问题：作者是如何把游览双龙洞的过程写清楚的？		
例子	方法	启发

（4）全班交流，总结方法，体会按游览的顺序写游记能让文章的脉络更清晰。

（5）学习课文《海上日出》，出示探究问题"作者是如何把海上日出的景观写清楚的？"

①默读课文，文中批注。

②小组讨论，共同完成探究学习单（表 5-7）。

表 5-7 《海上日出》小组探究学习单

探究问题：作者是如何把海上日出的景观写清楚的？		
例子	方法	启发

③全班交流，总结方法，体会按景物变化的顺序写一处景观能让文章的脉络更清晰。

活动二：学法迁移，品读习作例文

（1）默读习作例文《颐和园》《七月的天山》，根据探究问题"作者是如何把游览景点的过程写清楚的？"在文中做批注。

（2）小组交流，完成探究学习单（表 5-8）。

表 5-8 《颐和园》《七月的天山》探究学习单

探究问题：作者是如何把游览景点的过程写清楚的？"		
例子	方法	启发

（3）小组汇报，全班交流。

活动三：实战演练，设计路线图与导览词

（1）依据所学方法，选择一个熟悉的地点（如校园、公园、小区），借助景点路线梳理表（表5-9），设计景点游览路线。

（2）根据表格框架，尝试撰写导览解说词。

表5-9　景点路线梳理表

步骤	具体操作	示例参考 （以《颐和园》为例）	你的练习 （填写空白处）
1.选择游览地点	确定你要描写的地点 （如公园、校园、景点）。	地点：颐和园	我的地点：
2.绘制游览图			
3.列出游览景点	按游览顺序写出3~5 个主要景点，用"→" 连接	大门→长廊→万寿山 →昆明湖	景点顺序： ＿＿→＿＿→＿＿ →＿＿
4.标注地点转换词	在景点之间添加表示 移动的词语（如"穿过" 绕过"沿着"）	进了大门，绕过……， 走完长廊，登上……	我的转换词：
5.添加景物特点	为每个景点写1-2个 特点（用比喻/拟人句）	长廊：像一条彩带， 廊顶画着五彩的"故 事书"	景点1特点：

活动四：习作工坊，修改与定稿

（1）师生依据所学知识，共同制定习作评价表（表5-10）。

表5-10　习作评价表

超出成功标准	达到成功标准	接近成功标准	远未达到成功标准
除了成功标准中所列出的基本要求外，还包括： 1.内容丰富，景物及活动描写细腻生动 2.情感表达真挚动人，能够让读者深刻感受到乐园的魅力	1.内容完整，能写清楚乐园的样子以及在乐园里最喜欢做的事情 2.文章结构较为清楚，体现一定的游览顺序 3.能表达自己快乐的感受	满足成功标准所列出的其中两项基本要求	未满足成功标准所列出的其中一项基本要求

（2）修改习作。

①对照评价标准修改习作，体现一定的游览顺序以及情景交融的特点。

②小组互评与修改。

【设计说明】

在这一子任务中，教师以《记金华的双龙洞》《海上日出》等课文为例子，通过"课文探秘"、"学法迁移"、"实战演练"和"习作工坊"四大板块，逐步提升学生在描写景物方面的技能。

在"课文探秘"环节，引导学生研读《记金华的双龙洞》《海上日出》两篇课文，发现文章中的"顺序性"密码。通过联读习作例文，学生将进一步理解作者是如何按照一定的顺序把游览过程写清楚的。在掌握了基本的写作顺序后，学生将进入"实战演练"环节。在这一阶段，学生将绘制专属路线图，同时还需根据其路线图撰写导览词，这一环节旨在让学生将所学知识应用于实践，通过亲身操作加深对写作顺序的理解。最后，在"习作工坊"环节，师生共同制定习作的评价标准，包括文本内容、写作顺序性、情感表达等方面。学生将对照习作评价表进一步完善习作。

子任务三：分享"我心中的乐园"

【学习目标】

大观念：景物描写中融入真挚情感，不仅能够深刻展现作品内涵，还能表达对自然和生命的热爱。

新知识：转述不仅要认真倾听，还要记住别人话语的要点。

新能力：

（1）能创造性地将所学知识转化为写作、录制视频等多种形式的表达。

（2）合理制定规划，设定目标，并在特定的时间范围内承担并完成任务。

（3）在小组内进行分工合作，共同完成研究和展示任务。

（4）能清晰、有逻辑地表达自己的观点，同时倾听他人的想法。

【探究问题】

如何介绍自己的"乐园"，才能吸引观众？

【学习活动】

活动一：筹备"我心中的乐园"分享会

（1）师生根据单元所学，共同优化"我心中的乐园"分享会评价量规

（表5-11）。

表5-11 "我心中的乐园"分享会评价量规

超出成功标准	满足成功标准	接近成功标准	远未达到成功标准
除了成功标准中所列出的基本要求外，还包括： 　　1. 解说内容生动有趣，能够吸引观众的注意力 　　2. 推荐官能够很好地与观众互动，展现出对乐园的深刻理解和热情	1. 内容完整，文章结构较为清晰，按一定的游览顺序展开 　　2. 景物描写细腻生动，情感表达真挚，能够让读者深刻感受到乐园的魅力 　　3. 视频画面清晰，解说声音洪亮，能够清楚地介绍乐园的主要景点	满足成功标准所列出的其中两项基本要求	未满足成功标准所列出的其中一项基本要求

（2）学生根据自己选定的"心中的乐园"，结合习作，构思视频需要展示的内容以及拍摄顺序。

（3）拍摄和剪辑"心中的乐园"介绍视频。

活动二：举办"我心中的乐园"分享会

（1）布置现场：将探究活动中的过程性资料以画廊形式布置，营造浓厚的展示氛围。

（2）学生展示"我心中的乐园"短视频，可相机分享探究过程中的趣事和收获。

（3）互动交流：观众需认真倾听，完成"我最喜爱的乐园"观察记录表（表5-12），可提出疑问或分享自己的观点，形成积极的交流氛围。

表5-12 "我最喜爱的乐园"观察记录表

最打动我的三个细节	
细节	理由

（4）教师适时引导，鼓励学生之间碰撞思想和进行深度对话。

（5）结合评价量规，评选"最佳推荐官"，颁发个性化证书。

活动三：反思、总结

（1）学生填写4C表（表5-13），反思自己在整个活动过程中的表现，包括思维过程、创意亮点、沟通技巧等方面。

（2）小组内分享 4C 表（表 5-13），相互评价和学习，共同提升。

表 5-13　4C 表

联系 （通过欣赏他人的作品联系自己的作品，谈感受）	质疑 （你还有什么疑惑？）	观点 （如何介绍自己的"乐园"才能吸引观众？）	变化 （过去我认为……现在我认为……）

（3）教师随机采访学生，了解印象最深刻的"乐园"及理由。

（4）教师总结本次活动的亮点与不足。

【设计说明】

子任务三以"标准共建—影像创作—多维互评"为路径，开展"我心中的乐园"分享会。师生通过研讨进一步优化"我心中的乐园"分享会评价量规，围绕"主题内容""语言运用""情感表达""视频画面"四大维度细化指标，强化"观众视角"与"创作目标"的关联。学生基于修改后的习作，化身"乐园推荐官"，通过短视频将书面习作转化为立体视听叙事。

分享会现场构建互动氛围。观众依据评价量规对视频进行"星级推荐"，投票推选"最佳推荐官"，并颁发个性化证书。观摩环节中，学生需填写《"我最喜爱的乐园"观察记录表》，聚焦"最打动我的三个细节"，结合课文蓝本与自身创作经验，分析其如何体现"景物与情感的交融"。活动尾声保留"4C 反思表"与"转述采访"，引导学生总结提升。通过"标准驱动创作—影像激活共情—反思重构认知"的闭环设计，深化学生对文学表达多元载体的理解。

汇编成果及学习反思

【学习要点】

（1）整理汇编研究成果，形成成果集。

（2）单元学习总结和反思。

【学习活动】

1. 整理汇编，形成成果集

（1）作品收集整理：引导学生依照私人区域、公共区域、大自然等不同维度对作品进行分类。

（2）作品排版：学生对作品内容进行初步排版，如封面设计、内页布局、插图选择。

（3）校对制作：在成果集完成初稿后，进行全面的校对审核，可以将成果集制作成纸质版和电子版。

2.总结反思

组织学生讨论对本单元学习的感受，教师总结和反思本次大单元学习开展的情况。

【设计说明】

汇编成果集能够让学生看到自己的作品被收录在书中，增强成就感和自信心。团队合作和编辑整理过程能够培养学生的协作精神和编辑能力，提升语文实践能力。

五、教学反思

教前反思

1.基于教学目标的反思

本单元的学习聚焦于景物描写与情感表达，其核心目标是引导学生深刻理解"景物描写中融入真挚情感，不仅能够深刻展现作品内涵，还能表达对自然和生命的热爱"这一单元大观念。通过第一单元对乡村生活细腻描写的感悟以及第五单元对游记写作技巧的学习，学生将逐步提升对景物描写与情感交融的理解与运用能力。在目标设定上，既注重学生对写景抒情类文本的深度理解，也强调学生能够将所学知识运用到实际写作与表达中去。

回顾三年级上册第六单元，学生已经初步接触了"寓情于景"的写作手法，并尝试运用在习作中。本单元则进一步要求学生在更复杂的文本中去剖析情与景是如何深度交织的，并能够自主运用多种描写顺序和写作方法来构建自己心中的乐园，从而在创作中展现对自然和生命的热爱之情。这一目标的设定旨在促进学生写作与审美能力的螺旋式上升，使其在文学创作中能够更深刻地表达内心世界。

2. 基于学情的反思

从学生的已有知识和技能来看，经过三年级的学习，学生对写景类文本已经有了一定的阅读积累，能够初步识别一些常见的景物描写手法，如比喻、拟人等，并能简单地运用这些手法进行写作。在情感体验方面，学生能够感受到文本中一些较为直接的情感表达，但对于那些含蓄而深刻的情感，往往需要教师的引导才能更好地领悟。

在写作的过程中，有的学生存在描写空洞、情感表达生硬的问题，他们习惯于罗列景物特点，却难以将个人情感有机融入其中，导致文章缺乏感染力。有的学生缺乏结构意识，不能很好地按照一定的顺序来组织素材。在本单元的教学中，教师需要针对这些问题，通过具体的文本实例分析、写作框架搭建以及多样化的写作训练，帮助学生突破写作瓶颈，提升写作水平。

总体而言，学生已具备一定的学习基础，但对于更深层次的景物与情感融合的理解和表达还存在一定的困难。这就要求教师在教学过程中要充分考虑学生的学情，采取恰当的教学方法来引导学生逐步达成教学目标。

中期反思

针对学生的兴趣与疑问，我们如何回应以支持学生的自主探究？

在开启"乐园"话题的交流时，我们发现学生对于"乐园"的理解各有不同，有的喜欢自然风光，如公园、海边；有的钟情于人文场所，如书店、博物馆。于是我们鼓励学生根据自己的兴趣选择独特的"乐园"，并围绕其展开积极探索。

在探究"乐园"游踪顺序时，我们将学生分成小组，让他们共同探讨如何设计游览路线。在小组讨论中，学生们积极发表自己的观点，有的提出按照空间顺序，从乐园的入口到出口依次介绍；有的认为可以按照景点的吸引力大小来安排顺序。通过思维的碰撞，学生们对游记写作的顺序有了更深入的理解和认识。

教后反思

1. 我们的教学策略在多大程度上帮助学生理解？

本单元的设计依托"十岁成长礼"这一真实情境，极大地激发了学生的学习兴趣和内在动力。学生在这些真实而有意义的情境中，深刻体会到景物描写与情感表达的重要性，从而更积极地投入到对课文的学习和对自身乐园的创作中，为深入理解教学内容奠定了良好的基础。

单元大任务"举办'我心中的乐园'分享会"以及各个子任务的设置，使学生的学习有了明确的目标和方向。在完成任务的过程中，学生需要主动运用所学知识和技能，对景物描写和情感表达进行实践和创新，这进一步加深了他们对大观念的理解和掌握。

在探究活动中，我们为学生提供了明确的思维路径和文本分析思路，借助思维可视化工具引导学生深入研读课文，剖析作者的写作手法和情感表达，还能促进他们形成更系统的阅读与鉴赏能力。

2. 哪些主要证据证明学生发展了对"KUD"的理解？

学生在"我心中的乐园"分享会中所展示的短视频和习作，充分体现了他们对大观念"景物描写中融入真挚情感，不仅能够深刻展现作品内涵，还能表达对自然和生命的热爱"的理解。许多学生的作品中，景物描写生动细腻，情感表达真挚动人，能够清晰地展现自己心中的乐园的特点以及对乐园的喜爱之情，这说明他们已经将大观念内化为自己的认知和情感体验。

在课堂学习中，学生能够积极发言，运用思维工具提炼课文中的景物描写方法和作者的情感表达方式，并且能够结合自己的生活经验和阅读积累，对课文进行深入的解读和分析。这表明学生对新知识"景物描写的方法""按照一定顺序描写景物"等有了较为深刻的理解和掌握，同时也体现了他们思维的活跃度和深度。

在小组合作学习和习作互评环节，学生能够运用所学的新知识和新能力，对他人的作品提出有针对性的修改建议和意见，如指出景物描写不够具体、情感表达不够真挚等问题，并且能够给出具体的改进方法。这不仅说明学生已经理解了新知识和新能力，还能够运用这些知识和能力对他人的作品进行评价和指导，体现了他们对知识的迁移和运用能力。

通过填写 4C 表等方式进行学习反思，学生能够清晰地表达自己在学习过程中的收获和成长，以及对大观念、新知识和新能力的理解和认识。许多学生在反思中提到，自己在本次学习中学会了如何运用多种描写方法来展现景物的特点，以及如何在描写中融入自己的情感，使文章更加打动人。这进一步证明了学生对本单元学习内容的理解和应用。

单元主题：三角形。

单元内容：人教版四年级下册第五单元。

单元大观念：三角形的性质和特征是理解和构建几何知识的基础，通
过对其边角关系的研究，能够帮助我们更好地认识和解
决与形状相关的问题。

单元大任务：建造我的小木屋。

设计者：王丹如、孟娟、李灵、方宏华、赵柏坤、罗力、詹瑶纯。

一、单元内容分析

小学阶段三角形的知识分三个阶段。第一阶段安排在一年级下册，主要内容是让学生直观认识三角形，能辨认三角形，发现生活中哪些物体的面是三角形的形状。第二阶段安排在四年级下册，通过掌握三角形的含义、构成要素、特性、分类，探索三角形的边和角的特征，进一步丰富学生对三角形的认识和理解。通过本单元的学习，学生可以积累观察、想象、操作、比较、概括、推理等数学方法和经验，感悟抽象、推理、分类、转化、集合等数学思想，发展空间观念、抽象能力和推理意识，为三角形面积的学习奠定基础，为其他平面图形的学习积累经验。第三阶段安排在五年级上册，通过求平行四边形面积方法的类比与迁移，进一步学习三角形的面积，完善三角形相关的知识结构，为后续平面图形面积和立体图形体积的学习打下基础。

因为任何多边形都可以分割为三角形，所以三角形是最基本的图形。本单元的学习不仅要求学生理解三角形的内涵（定义），三角形的构成要素及特征，还要求学生掌握三角形的特性（稳定性）以及三角形各要素之间的关系（三角形的内角和以及三边关系）。三角形的三边关系是三角形概念的深化，教师引导学生从直感层面把握三角形到关系层面把握三角形，也为以后学习三角形其他知识奠定基础。

通过本单元的学习，教师不仅可以从形的方面加深学生对周围事物的理解，发展学生的空间观念和几何直观，还可以在动手操作、探索实验和联系生活应用数学方面拓展学生的认知，发展学生的思维能力和解决实际问题的能力，同时为后续学习其他平面图形打下基础。

二、单元整体设计思路

"三角形"是人教版四年级下册第五单元的学习内容，属于"图形与几何"领域中"图形的认识与测量"主题。本单元的学习是学生从感性认识到理性认识的过渡，也是学生对三角形边角性质研究的起点。认识图形的本质是对图形的形状、构成要素、特征特性的研究。

大观念教学是建立在大单元的基础上，以概念统整知识和技能，在解决问题的真实情境中构建理解。大观念教学尤其强调知识在当下的运用价值。所谓真实情境，一定是与学习者相关的情境。如何在大单元视角下更好地实施大观念教学，是我们探索与实践的方向。在大观念的引领下，我们为本单元的学习设计了单元大任务：建造我的小木屋。

1. 单元大任务驱动学习探究

通过设计或搭建一个独特的小木屋模型，让学生亲身体验三角形的特性，并理解三角形在建筑结构设计中的作用。教师通过引导学生观察并分析实际建筑中的三角形结构，理解三角形的特性、特点及其稳定性原理。学生分组设计小木屋模型，教师引导学生利用三角形作为主要结构元素。学生动手搭建模型，并在过程中不断调整和优化设计。各小组通过展示和分享作品，讨论三角形在模型设计中的具体应用和效果。

2. 推进数学阅读，深化理解

学生通过搜集资料、制作展示材料并进行分享，可以全面了解三角形的多样性和在各领域的应用。教师组织学生分组搜集关于三角形在不同领域（如建筑、艺术、科学等）应用的资料，并制作 PPT、海报或视频等展示材料，准备分享内容。组织分享会，教师要求各小组轮流上台展示并讲解，其他同学进行提问和互动。教师总结点评，强调三角形的重要性和多样性。学生在搜集资料和分享过程中，不仅加深了对三角形多样性的理解，还学会了如何将数学知识与实际生活相结合，体现了数学素养的落实。

单元大任务贯穿于整个单元的学习过程，学生不仅掌握了三角形的基本性质和分类方法，还学会了如何运用数学知识解决实际问题。同时，学生的实践能力、团队协作能力和表达能力也得到显著提升。

"三角形"大单元·大观念教学导图如图 6-1 所示。

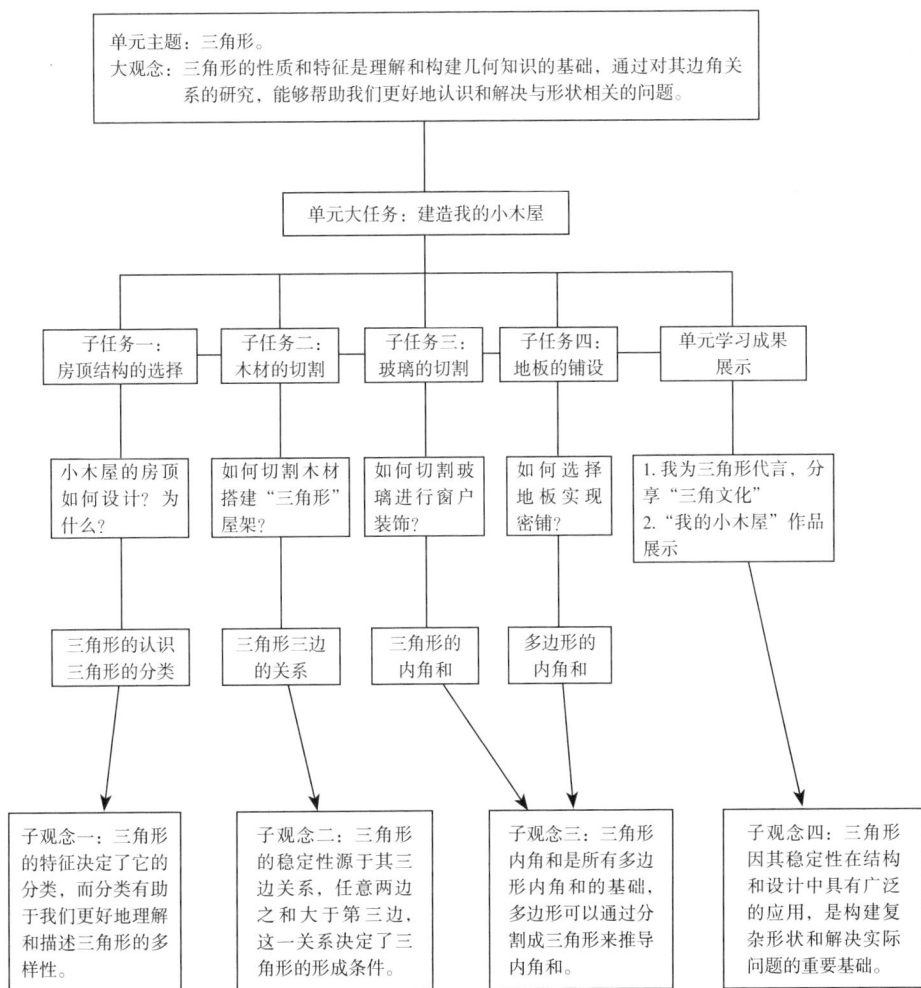

图 6-1 "三角形"单元教学导图

三、单元整体教学设计（表 6-1）

表 6-1 单元整体教学设计

（一）单元基本信息			
单元主题	主题名称	三大维度	六大领域
	三角形	自我维度	世界如何运作

教材内容	涉及教材内容	人教版四年级下册第五单元"三角形"			

		学段	学段目标	课程内容		
				内容要求	学业要求	教学提示
教材内容	对应的课程标准	第二学段（3-4年级）	1. 认识常见的平面图形，经历平面图形的周长和面积的测量过程，探索长方形和正方形周长和面积的计算方法 2. 尝试从日常生活中发现和提出数学问题，探索分析和解决问题的方法，经历独立思考并与他人合作交流解决问题的过程	1. 认识三角形和四边形，会根据图形特征对三角形和四边形进行分类 2. 在图形认识与测量的过程中，增强空间观念和量感	1. 认识两点间所有连线中线段最短，能在具体情境中运用"两点之间线段最短"解决简单问题 2. 会根据角的特征对三角形分类，认识直角三角形、锐角三角形和钝角三角形 3. 能根据边的相等关系，认识等腰三角形和等边三角形 4. 经历用直尺和圆规将三角形的三条边画到一条直线上的过程，直观感受三角形的周长，知道什么是三角形的周长 5. 会测量三角形、长方形和正方形的周长	1. 图形的认识与测量的教学。将图形的认识与图形的测量有机融合，引导学生从图形的直观感知到探索特征，并进行图形的度量 2. 图形的认识教学要帮助学生建立几何图形的直观概念 3. 启发学生根据角的特征将三角形分为锐角三角形、直角三角形和钝角三角形，通过边的特征知道等腰三角形和等边三角形 4. 图形的周长教学可以借助用直尺和圆规作图的方法，引导学生自主探索三角形的周长，感知线段长度的可加性，理解三角形的周长

		学段	学段目标	课程内容		
				内容要求	学业要求	教学提示
		第三学段（5-6年级）	1. 探索几何图形面积和体积的计算方法，会计算常见平面图形的周长和面积，会计算常见立体图形的体积和表面积 2. 尝试在真实的情境中发现和提出问题，探索运用基本的数量关系，以及几何直观、逻辑推理和其他学科的知识、方法分析与解决问题，形成模型意识和初步的应用意识、创新意识	1. 知道三角形任意两边之和大于第三边，知道三角形的内角和是180° 2. 探索并掌握三角形的面积计算公式 3. 在图形认识与测量的过程中，进一步形成量感、空间观念和几何直观	1. 探索并说明三角形任意两边之和大于第三边的道理 2. 通过对图形的操作，感知三角形内角和是180°，能根据已知两个角的度数求出第三个角的度数 3. 会计算三角形的面积，能用相应公式解决实际问题	1. 图形的认识教学要引导学生经历基于给定线段用直尺和圆规画三角形的过程，探索三角形任意两边之和大于第三边，并说出其中的道理，经历根据"两点间线段最短"的基本事实说明三角形三边关系的过程，形成推理意识 2. 可以从特殊三角形入手，通过直观操作，引导学生归纳出三角形的内角和，增加几何直观 3. 引导学生运用转化的思想，推导三角形等平面图形的面积公式，形成空间观念和推理意识

学科概念	跨学科概念：形式、关系、功能
	学科概念：图形、分类思想、从特殊到一般、内角和

<table>
<tr><td rowspan="3">探究问题</td><td>事实性问题：
1. 如何得到一个三角形？你能对三角形进行分类吗？
2. 三角形的边之间有什么关系？
3. 三角形的角之间有什么关系？
4. 三角形与多边形之间有什么关系？</td></tr>
<tr><td>概念性问题：
1. 小木屋的房顶如何设计？为什么？
2. 如何切割木材搭建"三角形"屋架？
3. 如何切割玻璃进行窗户装饰？
4. 如何选择地板实现密铺？</td></tr>
<tr><td>辩论性问题：无</td></tr>
</table>

（二）单元学习目标

大观念【U】	新知识【K】	新能力【D】
三角形的性质和特征是理解和构建几何知识的基础，通过对其边角关系的研究，能够帮助我们更好地认识和解决与形状相关的问题	1. 三角形的特性（特征、各部分名称、字母表示） 2. 三角形三边的关系 3. 两点间的距离 4. 三角形的分类和各类三角形的特点 5. 三角形的内角和以及验证方法 6. 多边形内角和的推导方法	1. 通过观察、操作和实验探索等活动，理解三角形的含义，认识三角形的特性 2. 认识两点间的距离，知道三角形任意两边之和大于第三边，培养推理意识、抽象能力和空间观念 3. 通过分类、操作活动，认识锐角三角形、钝角三角形、直角三角形和等腰三角形、等边三角形，知道这些三角形的特点，培养空间想象、几何直观等核心素养 4. 通过画、量、折、分等操作活动，发现三角形内角和是180°，验证三角形内角和是180°，探索四边形的内角和，初步了解多边形内角的规律，培养抽象能力、推理意识、模型意识和解决问题能力

（三）单元学习评价证据

表现性评价任务				

建造我的小木屋

目标	角色	受众	情境	作品
综合运用本单元的知识，试着通过阅读、查找资料等方式，设计一个独特的小木屋，并试着用竹签、小棒或木板等材料搭建一个小模型	建筑师、设计师	住户	如果你能拥有一个小木屋，你希望它是什么样子的？	设计图纸或小木屋模型

学习引导语：

无论在童话故事书中，还是在小村落中，我们都可以看到许多造型独特又有趣的小木屋。如果你能拥有一个小木屋，你希望它是什么样子的？请结合本单元所学的内容，展开想象，为自己设计一个独特的小木屋

	"建造我的小木屋"评价量规			
表现性任务评价量规	超出成功标准	满足成功标准	接近成功标准	远未达到成功标准
	除成功标准中所列出的基本要求外，还包括： 1. 能够反思和证明解决问题方法的有效性和准确性 2. 掌握所学习的三角形知识，能够用相关的知识来解决比较有挑战性的问题	1. 能够发现搭建小木屋过程中蕴含的三角形知识，并提出问题，发现数学与生活的联系 2. 能够运用三角形的知识或技能有效且正确地解决问题 3. 能够用数学知识和语言阐述三角形的含义 4. 掌握三角形的三边关系、内角和等内容的验证方法 5. 能够运用恰当的数学语言来解释任务中与三角形相关的问题	满足成功标准所列出的其中三项基本要求	未满足成功标准所列出的其中两项基本要求
其他评估证据	学生在单元学习过程中所产生的作品、小组学习中的收获感悟、单元阅读记录等			

（四）单元学习探究设计

	任务名称	学科概念	子观念	课时
结构化子任务	子任务一：房顶结构的选择	三角形、特性、分类	三角形的特征决定了它的分类，而分类有助于我们更好地理解和描述三角形的多样性	4
	子任务二：木材的切割	三角形边的关系、两点间的距离	三角形的稳定性源于其三边关系，任意两边之和大于第三边，这一关系决定了三角形的形成条件	2
	子任务三：玻璃的切割	三角形内角和、割补、转化	三角形内角和是所有多边形内角和的基础，多边形可以通过分割成三角形来推导内角和	1
	子任务四：地板的铺设	四边形内角和、分割、转化		2
	单元学习成果展示	/	三角形因其稳定性在结构和设计中具有广泛的应用，是构建复杂形状和解决实际问题的重要基础	1

四、探究活动设计

发布单元任务

【学习要点】 激趣、发布任务、制订计划、梳理问题。

【学习活动】

活动一：情景激趣

1. 三角形现象观察赛

教师播放一段无声视频（包含斜拉桥、金字塔、自行车架等三角形应用场景），小组竞赛列举看到的三角形，1分钟内在便利贴上写出小组发现（如"桥的钢索组成三角形"），贴到"问题墙"的"我发现"区域。

2. 问题交流

（1）你们找到的三角形物品有什么共同点？

（2）生活中还有哪些地方可以看到三角形？

（3）为什么这些地方要用到三角形？

活动二：发布单元任务

1. 发布任务

介绍"建造我的小木屋"单元大任务的背景和目标。展示任务清单，包括任务的具体要求、步骤和评价标准。

2. 问题墙互动

提供问题墙（可以是一块大黑板或白纸），学生写下任务发布后产生的问题。教师梳理问题，将共性问题归类并在课堂上进行初步解答。

活动三：小组讨论，制订计划

1. 小组分工与角色选择

学生根据自己的兴趣和特长选择任务角色，明确小组分工，如设计师、建筑师、演讲者、资料收集员等。小组成员讨论并确定每个角色的具体职责。

2. 制定探究计划单

学生小组交流制订详细的任务计划，包括时间安排、材料准备、制作步骤等。教师巡视，指导学生合理安排时间和资源。

活动四：学习资源介绍

1. 阅读推荐书目

介绍一些关于三角形的书籍和网站，提供一些在线学习资源的网址，方便学生查阅资料。

2. 问题墙持续互动

鼓励学生在任务实施过程中继续提出问题，并通过问题墙寻求帮助。教师承诺定期查看问题墙，并及时给予解答或引导。

【设计说明】

本课堂活动设计以激发学生对三角形单元学习的兴趣为核心，通过游戏导入、任务发布、小组讨论、资源支持等环节，引导学生在趣味性和实践性相结合的活动中明确学习任务、制定计划、分工协作，并培养自主学习和解决问题的能力。设计注重学生主动参与和团队合作，旨在帮助学生在轻松愉快的氛围中加深对三角形知识的理解，提升实践操作能力和创新思维，同时，为后续任务实施提供有力支持，确保学生在学习过程中体验数学的乐趣和价值。

子任务一：房顶结构的选择

【学习目标】

子观念：三角形的特征决定了它的分类，而分类有助于我们更好地理解和描述三角形的多样性。

新知识：

（1）三角形的特性（特征、各部分名称、字母表示）。

（2）三角形的分类和各类三角形的特点。

新能力：

（1）通过观察、操作和实验探索等活动，理解三角形的含义，认识三角形的特性。

（2）通过分类、操作活动，认识锐角三角形、钝角三角形、直角三角形和等腰三角形、等边三角形，知道这些三角形的特点，培养空间想象、几何直观等核心素养。

【探究问题】

小木屋的房顶如何设计？为什么？（如何得到一个三角形？你可以对三角形进行分类吗？）

【学习活动】

活动一：三角形屋顶的设计

（1）想一想，生活中哪些地方能见到三角形，向其他同学描述你所见到的三角形。

（2）用尺子画一个三角形。

（3）试着用直尺和圆规画一个三角形。

（4）请用数学语言描述什么是三角形，在画三角形的过程中，你有什么发现？

活动二：三角形屋顶的高度

（1）自学课本第58页，说一说什么是三角形的底和高？

（2）怎样正确画出三角形的高？试着在自己画的三角形中画出三角形的高，并标出相应的底。

（3）一个三角形可以画几条高？请在下面的三角形中（图6-2）画一画，并说说你的发现。

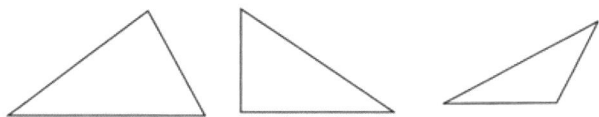

图 6-2　一组三角形

活动三：如何验证三角形的稳定性

（1）自制一个四边形和一个三角形的模型，挤一挤、拉一拉，说说你的发现。

（2）你能举例说明生活中还有哪些地方利用了三角形的这一特性吗？

活动四：三角形按角分类

（1）请借助三角板、量角器等工具，填出各个三角形中（图6-3）各角的个数（0、1、2、3）（表6-2）。

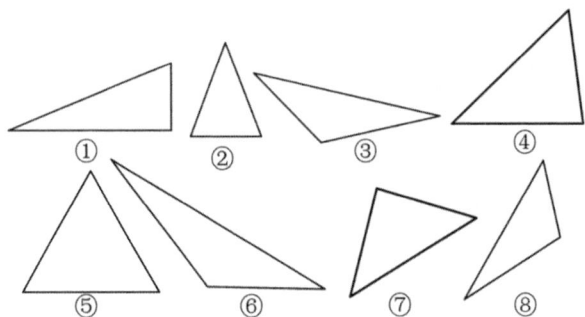

图6-3 一组三角形

表6-2 三角形中各角的个数

类别	①	②	③	④	⑤	⑥	⑦	⑧
直角个数								
锐角个数								
钝角个数								

（2）请根据观测结果试着对三角形进行分类（表6-3）。

表6-3 三角形分类表

序号	三角形的特点	名称	试着用图表示几种三角形的关系

（3）交流发现。

活动五：三角形按边分类

（1）请借助尺子判断各个三角形三边的长度，在相应的项目后打√（表6-4）。

表6-4 三角形三边的长度

类别	①	②	③	④	⑤	⑥	⑦	⑧
三边不相等								
两边相等								
三边相等								

（2）请根据测量结果试着对三角形进行分类（表6-5）。

表6-5　三角形的分类

序号	三角形的特点	名称	试着用图表示几种三角形的关系

（3）交流发现。

活动六：特殊三角形的认识

通过分类你对三角形有什么新的认识？有没有发现哪些特殊的三角形？

【设计说明】

在单元课程的初始阶段，我们以童话故事里出现的造型独特又有趣的小木屋为引子，带学生进入图形的神秘世界，学生开始思考自己心中的小木屋是什么样子的？通过引导学生观察小木屋的房顶形状，引发思考辨析，再通过形象化、生活化的解读，感受三角形在生活中无处不在，唤醒已有认知经验，逐步抽象出三角形的概念。经过探究三角形屋顶的高度，借助直观想象，理解三角形高的位置，发展学生的空间观念，并通过直观操作，将知识动态化，借助对比迁移，体会三角形的稳定性，了解其在生活中的应用价值。学生在合作中经历自主确定分类标准，探究其特点，实现对三角形的分类。综上，观察、操作和实验探索等一系列活动，为学生完成子任务一"房顶结构的选择"提供帮助，由此开启有趣的建构之旅。

子任务二：木材的切割

【学习目标】

子观念： 三角形的稳定性源于其三边关系，任意两边之和大于第三边，这一关系决定了三角形的形成条件。

新知识：

（1）三角形三边的关系。

（2）两点间的距离。

新能力：认识两点间的距离，知道三角形任意两边之和大于第三边，培养推理意识、抽象能力和空间观念。

【探究问题】

如何切割木材搭建"三角形"屋架？（三角形的边之间有什么关系？）

【学习活动】

活动一：三边的关系

现有 4 厘米、5 厘米、8 厘米和 10 厘米长的 4 种小棒各 2 根，请从中任选 3 根围成三角形，摆一摆并完成下面的表格（表 6-6）。

（1）选一选：每次任选 3 根拼条。

（2）围一围：选出的 3 根拼条能否围成三角形？

（3）填一填：将结果记录在表格中。

（4）想一想：讨论能够围成或不能围成三角形的原因。

表 6-6　用小棒围成三角形

分组	小棒的长度	摆成的图例	比较三边的关系	能否围成三角形
1				
2				
3				
4				
我的发现：				

活动二：木材的切割

搭建"三角形"屋架的时候，有两组木材，为了充分利用木材，只能锯一次（锯成整米数，接头处忽略不计）。

第一组：8 米、10 米长的各 1 根。

第二组：10 米长的 2 根。

你会选择哪一组？怎么锯？请说说你的想法和理由。

活动三：木材的挑选

现有 4 米和 6 米长的木材各 1 根，需要寻找第三根木材来搭建"三角形"屋架，第三根木材可能是多长？（取整米数）

请借助 4 厘米、6 厘米长的小棒和直尺，摆一摆并填写表格（表 6-7）。

表 6-7　第三根木材的长度

序号	可能的长度（取整米数）	能否搭建"三角形"屋架	我们的结论
1	4、6、（　　　）		
2	4、6、（　　　）		
3	4、6、（　　　）		
4	4、6、（　　　）		
5	4、6、（　　　）		
6	4、6、（　　　）		
7	4、6、（　　　）		
8	4、6、（　　　）		
9	4、6、（　　　）		
10	4、6、（　　　）		

活动四：两点间的距离

请用数学的知识解释，为什么会有这些不文明现象（图 6-4）?

图 6-4　草地成路

【设计说明】

本任务"木材的切割"以学生理解的三角形概念和要素入手，引导学生思考三角形的三边关系，借助任意三根小棒围一围，在动手操作中进行自主探究，在合作交流中推理归纳小棒围成或不能围成三角形的原因，理解三角形任意两边之和大于第三边的关系，从而发展学生逻辑推理、直观想象、数学建模等核心素养。在搭建"三角形"屋架时，我们借助两组木材的切割和第三根木材的挑选活动，及时巩固、强化学生对三角形三边关系的理解。学生从问题中来，到问题中去，在做中学习，在做中创造，学生对三角形的认识得到逐步完善和提升，发展了善辩、推理、创新能力。同时，结合生活实际，借助感官感知两点之间线段最短，进一步体会三角形三边关系在生活中的实际应用价值。

子任务三：玻璃的切割

【学习目标】

子观念：三角形的内角和是所有多边形内角和的基础，多边形可以通过分割成三角形来推导内角和。

新知识：三角形的内角和及验证方法。

新能力：通过画、量、折、分等操作活动，发现三角形内角和是180°，验证三角形内角和是180°，探索四边形的内角和，初步了解多边形内角和的规律，培养抽象能力、推理意识、模型意识和解决问题的能力。

【探究问题】

如何切割玻璃进行窗户装饰？（三角形的角之间有什么关系？）

【学习活动】

活动一：发现结论

在设计木屋窗户的时候，小阳想把现有的一块大三角形玻璃切割开来装饰半圆形的窗户。你知道他是怎么想的吗？

活动二：验证结论

剪3个不同的三角形，用自己的方法证明三角形的内角和等于180°（也可操作演示来证明）。

【设计说明】

在设计装饰小木屋的过程中，我们借助"小阳想把现有的一块大三角形玻璃切割开来装饰半圆形的窗户"设计的想法，给学生创设有效的问题情境，引发学生思考三角形的内角和是多少？通过画一画、剪一剪、量一量、算一算、折一折等操作活动，学生在自主探究中感知三角形的内角和是180°，在这个过程中体会测量误差可能导致的不确定性，通过辨析选择不同的三角形作为研究对象，体会数学研究的科学性和严谨性。学生在实际有效的问题中，进行动手操作、合作交流，亲身经历了知识的形成过程，积累了探究数学问题的活动经验，达成了对"图形之间互有差异，但不同图形之间又互有联系，相互之间能够转换"的初步理解，整个学习过程培养了学习的空间观念、推理意识、模型意识和解决问题的能力。

子任务四：地板的铺设

【学习目标】

子观念：三角形的内角和是所有多边形内角和的基础，多边形可以通过分割成三角形来推导内角和。

新知识：多边形内角和的推导方法。

新能力：通过画、量、折、分等操作活动，发现四边形内角和是 360°，探索四边形的内角和，初步了解多边形内角和的规律，培养抽象能力、推理意识、模型意识和解决问题的能力。

【探究问题】

如何选择地板实现密铺？三角形与多边形之间有什么关系？

【学习活动】

活动一：发现结论

（1）在铺设木屋地板的时候，小阳爸爸建议选择长方形或正方形的木板进行铺设，他认为这样能够实现密铺，实现地板基本没有缝隙。你知道他是怎么得出这个结论的吗？

（2）小阳想尝试用不规则的四边形木板进行铺设，能实现密铺吗？

活动二：验证结论

选择你喜欢的方法，探索四边形的内角和（可以用量一量、算一算或剪一剪、拼一拼等方法，也可通过操作演示来证明）。

活动三：探索发现

你能想办法求出五边形、六边形、七边形的内角和吗？N 边形呢？你发现了什么？可以在表中画一画、写一写（表 6-8），记录你的思考过程。

表 6-8 多边形的内角和

图形	边数	分割成的三角形个数	角内和	我的发现

图形	边数	分割成的三角形个数	角内和	我的发现
N边形				

活动四：知识运用

还有什么形状的地板能够实现密铺？

【设计说明】

我们所创设的实际问题情境"如何铺设木屋地板实现密铺"，不仅引发学生思考，也激发了学生不断深入探究的兴趣。学生联系旧知，根据长方形或正方形的木板能实现密铺，在自主推理中发现问题、提出问题，深入探究不规则的四边形木板能否实现密铺的问题，通过动手操作演示、对比、推理归纳，逐步验证"四边形的内角和是360°"这一结论。四边形的内角和是探究多边形内角和的基础，从量、算、剪、拼到分，实现了思维方法的跨越，从特殊到一般，合情推理，学生掌握了求多边形内角和的一般方法，体会数形之间的联系。在实际情境中，学生是学习的主体，通过自主探索，问题层层递进，将求多边形的内角和转化为求三角形内角和，实现了知识和方法的迁移，从而提高学生解决问题的能力。学生经历类比迁移、分析数据、得出规律、归纳多边形内角和的计算方式以及转化的探究过程，培养了问题意识、探索意识、推理意识、模型意识和解决问题的能力。

单元学习成果展示

【学习要点】

（1）我为三角形代言，分享"三角文化"。

（2）"我的小木屋"作品展示。

【学习活动】

1. 自发寻找生活中与三角形有关的问题并尝试解决

（1）选择行动任务，发现与三角形相关的问题并尝试解决这些问题。

（2）引导学生留心生活，结合单元探究流程，迁移应用，利用图片、视频等记录整个过程。

（3）经历"观察—计划—行动—分享"的过程。

（4）进一步回顾探究问题，实现对概念的理解。

（5）资源：学习任务单、阅读推荐书目、图文视频等。

2.举办"我的小木屋"及三角形其他应用分享会

3.从知识技能、概念理解等方面进行单元整体反思

【设计说明】

本任务设计的核心意图在于通过实践探索与分享交流的方式，深化学生对三角形这一基础几何图形的理解与应用能力。通过自发寻找并解决生活中与三角形相关的问题，学生不仅能够将课堂上学到的理论知识与实际生活相结合，还能在实践中发现问题、解决问题，从而培养数学知识的实际应用能力和创新思维。

通过选择行动任务并尝试解决与三角形相关的问题，学生需要主动观察生活，寻找三角形的应用实例，这一过程能够激发学生的好奇心和探索欲，促使他们更加深入地理解三角形的特性和作用。同时，结合单元探究流程，利用图片、视频等多媒体手段记录整个过程，学生可以更好地回顾和总结探究经历，还能提高信息整合和表达能力。

举办分享会旨在为学生提供一个展示自己探究成果和心得的平台。通过分享自己的发现和解决问题的方法，学生不仅能够增强自信心和表达能力，还能从同伴的分享中获得新的启发和灵感，促进相互学习和共同进步。此外，分享会还能够营造积极向上的学习氛围，激发学生对数学学习的热情和兴趣。

从知识技能、概念理解等方面进行单元整体反思，旨在帮助学生全面回顾和总结自己在本次任务中的学习经历和收获。通过反思，学生能够更加清晰地认识到自己在哪些方面有所进步，哪些方面还需要加强，从而为他们今后的学习指明方向。同时，反思过程也能够帮助学生深化对三角形相关概念的理解和应用能力，为他们的数学学习打下坚实基础。

综上所述，本任务设计旨在通过实践探索、分享交流和反思总结的方式，全面提升学生的数学素养和综合能力，为他们未来的进阶学习奠定坚实基础。

五、教学反思

教前反思

1.基于教学目标的反思

本单元是在学生学习"认识图形（二）""角的初步认识""周长""角的度量""平行四边形和梯形"等基础上进行教学的。学生已经对三角形有初步、直观的认识，能够从不同的平面图形中识别三角形，本单元在此基础上将进一步丰富学生对三角形的认识和理解。因为任何多边形都可以分割为三角形，所以三角形是最基本的图形。在本单元的学习中，学生不仅要理解三角形的定义、认识三角形的特性，还需要学习如何对三角形进行分类，并理解这些分类在实际生活中的应用，通过探索三角形的特性和分类，学会运用合情推理的方式解决问题。通过本单元的学习，学生不仅可以从形的方面加深对周围相关事物的理解，发展空间观念和几何直观，还可以在动手操作、探索实验和联系生活应用数学方面拓展认知，提高思维能力和解决实际问题的能力，同时为以后学习其他平面图形打下基础。

本单元的重点：认识三角形的特征，知道三角形任意两边之和大于第三边以及三角形的内角和是180°；认识锐角三角形、直角三角形、钝角三角形和等腰三角形、等边三角形，并根据其特征辨认和区别它们。难点：能正确画出三角形的高，应用三角形三边关系及内角和是180°来解决实际问题。

根据学生的前期学习经验，本单元重点运用以下几个教学策略来达成教学目标。

第一，对三角形的学习，学生围绕具有挑战性的真实任务——"建造我的小木屋"展开，这是一个能够驱动学生形成概念性理解的表现性任务。在这个过程中，教师创设各种数学情境，激发学生的学习兴趣和主动性，让学生在解决实际问题的过程中学习和应用三角形知识。

第二，采用探究式学习的方式实现从教到学的转变，为学生提供视自己为"数学家"的机会，培养学生像数学家一样思考，让他们在探索和学习数学时乐在其中并充满激情。

第三，在单元探究中通过子任务设计，让学生的探究和思考过程实现思维可视化。基于学生的认知起点，提出引发学生深度思考的核心问题，引领学生经历探究，用贯穿的各项子任务推动学生的探究。

2. 基于学情的反思

四年级学生已经积累一些有关"空间与图形"的知识和经验，形成一定的空间感。他们对周围事物的感知和理解能力以及探索图形及其关系的愿望不断提高，具备了一定的抽象思维能力，可以在比较抽象的水平上认识图形，进行探索。因此，本单元的教学目标与第一学段"获得对简单平面图形的直观经验"有所不同，学生通过观察、操作、推理等手段，逐步认识三角形。

经过第一学段的学习，学生已经具备一定的关于三角形认识的直接经验，获得相应的知识和技能，为感受、理解抽象的概念，自主探索图形的性质打下了基础。同时，学生已经对角度有基本认识，他们了解角度是用来描述两条射线之间的夹角大小的单位，也掌握一些基本的角度计算的方法。学生将这些知识应用于具体图形中，特别是三角形和多边形中，他们可能会面临一些挑战，这不仅需要他们理解新的概念，如三角形内角和和四边形内角和，还需要他们能够运用已学知识进行推理和计算。

教师设计有挑战性的真实性表现任务，学生有充分进行自主探索和交流的空间，体现知识形成的过程。学生的思维能力在四年级有了显著发展，具备自主思考、合作探究的能力。所以，在探究任务中提供丰富的动手实践素材，设计思考性较强的问题，通过探索、实验、发现、讨论、交流获得知识，提高学生的交流和协作能力，培养学生的批判性思维和创造性思维。例如，三角形三边之间的关系、三角形的内角和、三角形与多边形的联系等，均是学生在真实情境下建构学习，从学生感兴趣的任务出发，激发学生学习的能动性，引导学生积极探索，达成概念性理解，促进知识的学习和应用。

中期反思

针对学生的兴趣与疑问，我们应该如何回应以支持学生的自主探究以实现差异化教学？

第一，提供多层次的学习材料。根据学生的不同理解程度，提供分层次的学习材料。对于基础薄弱的学生，我们可以提供更多的图形示例和直观解释；而对于掌握较好的学生，则可以提供更具挑战性的问题和探究活动。本单元为学生提供丰富的操作探究实践活动，如三角形的分类、三角形三边的关系、三角形的内角和、四边形的内角和。

第二，鼓励合作学习。让学生在小组内讨论和解决问题，这样他们可以从同伴那里获得不同的观点和解题方法。在小组合作中，每名学生都有机会发言和参与，这有助于提高他们的自信心和学习动力。

第三，实施个性化指导。教师在课堂上进行巡视，观察学生的学习状态，并根据他们的需要提供即时帮助和指导。对于有特定疑问的学生，我们可以引导学生通过实验、操作或绘制来深入理解三角形的性质。

第四，创造真实的学习情境。结合学生的生活经验，设计一些实际问题让学生解决。例如，本单元学习的子任务一至子任务四都是通过解决实际问题来揭示三角形的相关知识，在解决中获得对知识本质的理解，又如，在学习两点间的距离时，可以通过数学的知识解释横穿马路、践踏草地等不文明现象。

第五，开展多样化的评价方式。除传统的笔试外，我们还可以采用口头报告、作品展示、学习档以及单元全景评价等多种评价方式，全面了解学生的学习情况。这样的评价方式不仅能够激发学生的学习兴趣，还能帮助他们更好地认识自己的长处和反思自身的不足。

教后反思

1. 我们的教学策略在多大程度上帮助学生理解？

第一，利用真实表现性任务"建造我的小木屋"贯穿单元学习。借助童话故事激发学生的探究兴趣。通过创设真实情境"如果你能拥有一个小木屋，你希望它是什么样子的？"激发学生的探索热情。

第二，通过子任务的设计——房顶结构的选择、木材的切割、玻璃的切割、地板的铺设，把单元学习内容巧妙联结在一起。设计动手操作和小组讨论的学习任务，学生认真思考和交流，积极构建对三角形的理解。

第三，通过"我为三角形代言"分享会，学生自主阅读、查阅资料。在单元学习过程中，学生有足够的时间和空间进行思考和自主探索，有助于学生从不同角度理解三角形，促进概念性理解的形成。

2. 哪些主要证据证明学生发展了对"KUD"的理解？

为了评估学生对三角形概念的理解，我们搜集了以下几项主要证据。

第一，学生在完成表现性任务时的提问、讨论和成果记录显示了他们对三角形概念的深入理解。尤其是在自主探究阶段，学生能够发现并解释三角形的数学规律，这是他们理解三角形概念的重要证据。

第二，综合运用形成性评估和元认知评估。通过课堂学习任务单及其他过程性资料，反映学生对三角形概念的掌握情况，这为学生的理解提供了即时反馈。运用元认知评估，鼓励学生进行自我反思，通过提问和讨论来加深对三角形性质的理解，这有助于学生形成更深层次的理解。

第三，共同制订的评价量规。与学生共同讨论并制订的评价标准，不仅有助于学生明确学习目标，也让教师能够更清晰地界定教学目标，从而更准确地评估学生的理解。

第七章

英语：节日——
创造中国特色新节日

单元主题：节日。

单元内容：教科版英语六年级上册第六单元"Festivals"。

单元大观念：节日是文化的符码，节日在传承和创新中得以延续和
　　　　　　发展。

单元大任务：创造一个具有中国特色的新节日。

设计者：姜晓燕、黄舒萱、黄晓谊、谭晓建、蒋昕彤、陈丽珊、陈坤
　　　　丽、卢丹丹、洪宇旋。

一、单元内容分析

《义务教育英语课程标准（2022 年版）》明确指出："英语是传播人类文明成果的载体之一，对中国走向世界、世界了解中国、构建人类命运共同体具有重要作用。义务教育英语课程要体现工具性和人文性，具有基础性、实践性和综合性特征。学习和运用英语有助于了解不同文化，比较文化异同，汲取文化精华，逐步形成跨文化沟通与交流的意识和能力。"

本单元选自教育科学出版社（三年级起点）六年级上册 Module 6 Festivals，包括 Unit11 至 Unit 12。本单元内容围绕"节日"这一主题展开，属于"人与社会"主题范畴中"历史、社会与文化"这一主题群，涉及子主题"世界主要国家的文化习俗""节假日与庆祝活动"。通过本单元的学习，学生将依托单元大任务，通过不同的子任务学习，在阅读过程中学习掌握节日的多维度表达，自己创造一个独具中国特色的新节日，这一过程中，学生实现从探究者到文化传递者、创新者的身份转变，让学生的第二语言学习不仅停留在语言知识层面，更是在理解和感悟中华优秀传统文化的基础上，继承发扬中国优秀传统文化，同时赋予传统文化新的时代内涵，形成对中华传统文化的认同，坚定文化自信。

传统节日作为"文化丛"，内蕴丰富的文化价值，是民族文化精华的集中体现❶。传统节日存储、传承了文化的象征仪式及形象，是了解文化的重要载体。对节日的探究，能够帮助我们更好地了解过去，感悟人类文明的变迁，即"我们身处什么时空"。另外，随着时代的变迁，传统节日也被人们赋予新的形式和意义，传统节日也经历着传承和创新。英国历史学家埃里克·霍布斯鲍姆、特伦斯·兰杰在《传统的发明》一书中指出，许多我们认为由来已久的传统，实际上都是相当晚近的发明，发明传统可以让参与的人与过去建立联系，与周围的人建立联系。因此，我们以开放的视角，鼓励学生发现身

---

❶ 李银兵，李孟星. 传承与创新：传统节日的现代性重构 [J]. 西北民族大学学报（哲学社会科学版），2024（5）.

边的传统元素，创造一个独具中国特色的节日，让学生在探究过程中体悟传统的价值，发现创新与传承的力量。

二、单元整体设计思路

古语有云："岁时有序，四时有庆。"中国传统节日不仅是时间流转的标志，更是中华文化深厚底蕴与民俗风情的集中展现。这些节日以其独特的习俗、传说和美食，吸引无数学子探索其中的奥秘与魅力。中国的传统节日有哪些呢？这些节日起源于什么？人们是如何庆祝的？节日背后蕴含着什么意义？基于学生对传统节日浓厚的好奇心和求知欲，师生共同确定了本单元的大观念——节日是文化的符码，节日在传承和创新中得以延续和发展。教师在大观念的引领下设计了"Invent a new festival with Chinese customs."的单元大任务。在大任务的推进中，教师运用思维导图、问卷星、gallery walk 等可视化思维工具，引导学生系统地组织信息，从"我已知什么？"到"我还想知道什么？"再至"我学到了什么？"的模式中逐步探究"我知道的中国传统节日""我还知道西方的传统节日""我了解中西传统节日的文化差异"，进一步产生探究的欲望——"我要创造一个独具中国特色的新节日"，逐步构建和完善关于节日概念的理解。大任务探究成为驱动力，鼓励学生主动发问、积极探索，将学习和探究的主动权交还他们。

通过这一系列探究活动，学生不仅对中国传统节日有了更深层次的认识，还学会通过文本分析、思维工具等，设计一个富有创意和包容性的节日，以此方式传播中国文化，让世界听见更多来自中国的声音，坚定文化自信。

"节日"大单元·大观念单元教学导图如图 7-1 所示。

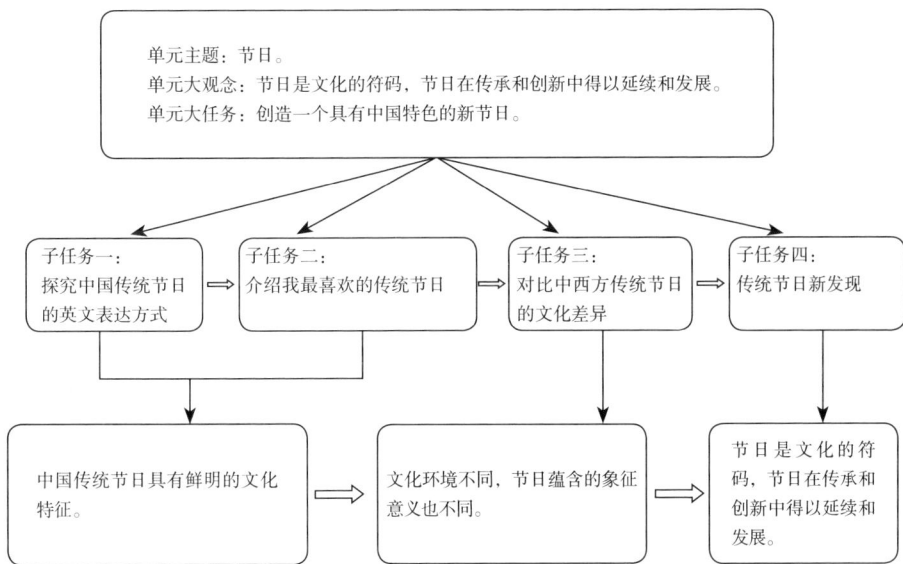

图 7-1 "Festivals"大单元·大观念单元教学导图

三、单元整体教学设计（表 7-1）

表 7-1 单元整体教学设计

<table>
<tr><td colspan="4" align="center">（一）单元基本信息</td></tr>
<tr><td rowspan="2">单元
主题</td><td align="center">主题名称</td><td align="center">三大维度</td><td align="center">六大领域</td></tr>
<tr><td align="center">节日</td><td align="center">人与社会</td><td align="center">我们身处什么时空</td></tr>
<tr><td rowspan="3">教材
内容</td><td>涉及教材
内容</td><td colspan="3">教科版小学英语六年级上册 Module 6 Festivals
（Unit 11 I like the Spring Festival; Unit 12 Other festivals in China）</td></tr>
<tr><td>对应的
课程标准</td><td colspan="3">   1. 语言知识内容要求：围绕节日主题接触并使用相关词汇、习惯用语及固定搭配进行交流与表达；在语境中运用所学语法知识进行描述、叙述和说明等；理解说明文语篇的主要写作目的、结构特征、基本语言特点和信息组织方式，并用以说明事物和阐释事理
    2. 文化知识的内容要求：中外主要节日的名称、庆典习俗、典型活动、历史渊源
    3. 语言技能要求：围绕节日主题进行简短的主题演讲，做到观点基本明确，逻辑比较清晰，语音正确，语调自然</td></tr>
<tr><td rowspan="2">学科
概念</td><td colspan="3">跨学科概念：形式、功能、变化</td></tr>
<tr><td colspan="3">学科概念：情境 / 语境、文化、表达</td></tr>
</table>

探究问题	事实性问题： 1. 中国传统节日有哪些？ 2. 我们通过哪些方面来介绍一个传统节日？ 3. 中西传统节日有哪些异同？
	概念性问题： 1. 中西方传统节日为什么会有这些差异？ 2. 为什么要创造这个"新"节日？怎样介绍你创造的节日？
	辩论性问题：无

（二）单元学习目标

大观念【U】	新知识【K】	新能力【D】
节日是文化的符码，节日在传承和创新中得以延续和发展	1. 中国传统节日的英文表达（形式） 2. 本单元的重点词汇、句型、语法，在情境中进行完成交际功能（功能） 3. 与节日文化相关的语篇特征及其要素（功能） 4. 中西方节日文化的异同（变化）	1. 批判性和创造性思考能力 – 分析：在阅读和伙伴交流中，寻找中外节日的相似性和差异性 2. 交流、写作和资讯科技能力 – 理解：节日是文化的传承，不同国家有不同的节日文化 3. 交流能力：在学习中能清晰而有逻辑地表达自己对节日的理解

（三）单元学习评价证据

	目标	角色	受众	情境	作品
表现性评价任务	综合运用主题单元所学知识、技能以及观念，创造一个独具中国特色的新节日	节日设计师	学校全体师生、家长	学校即将举办"新奇节日"游园会，请以小组为单位，进行节日文化宣讲	我们的"新"节日宣传海报

学习引导语：
中华文明博大精深，中国的传统节日蕴含着祖先的智慧。亲爱的同学们，你最喜欢的中国传统节日有哪些？在本单元的探究学习中，我们尝试用英语讲好中国传统节日，为中国传统节日代言。我们知道，中国的传统节日有很深的历史渊源，有的节日是用来缅怀伟大的先人，有的节日用来庆祝我们的丰收，有的节日用来表现我们对老人的敬意，那么你可以创造一个有中国特色的新节日吗？通过你创造的节日，我们一起来发现生活中独特的中国文化。说不定，你的创造可以为人们带来一个全新的节日。让我们一起行动，感受属于你的独特节日魅力吧

	评价量规			
	超出成功标准	**满足成功标准**	**接近成功标准**	**远未达到成功标准**
表现性任务评价量规	除成功标准中所列出的基本要求外，还包括： 1. 传统节日要素介绍完整 2. 语言表达流畅，能积极参与表达并与观众互动交流	1. 根据 5W1H 思维工具，从几个角度介绍自己创造的中国特色节日 2. 语言表达标准流利 3. 能进行相似的中西方节日对比分析	满足成功标准所列出的其中三项基本要求	未满足成功标准所列出的其中两项基本要求
其他评估证据	小组讨论形成的关于节日的思维导图、资料素材、英文作文等			

（四）单元学习探究设计

	任务名称	学科概念	子观念/单元大观念	课时
结构化子任务	发布单元任务与前测	/	/	1
	子任务一：探究中国传统节日的英文表达方式	跨学科：形式 学科：情境—语境	中国传统节日具有鲜明的文化特征	2
	子任务二：介绍我最喜欢的传统节日	跨学科：功能 学科：表达		2
	子任务三：对比中西方传统节日的文化差异	跨学科：变化 学科：文化	文化环境不同，节日蕴含的象征意义也不同	2
	子任务四：传统节日新发现		节日是文化的符码，节日在传承和创新中得以延续和发展	4
	节日海报整理及学习反思	/		1

四、探究活动设计

发布单元任务与前测

【**学习要点**】激趣、任务前测、发布任务、小组头脑风暴。

【**学习活动**】

活动一：引出话题

通过观看中国传统节日（春节、端午、中秋）等相关图片、视频，激发学生对本单元的学习欲望。

（1）Warm up（热身）：Watch a video *Hello,China! Spring Festival*.

（2）Brainstorm（头脑风暴）：What other Chinese festivals do you know?

活动二：感知话题

在日历上将不同中国传统节日与其日期、习俗进行匹配，让学生通过自主思考、查阅资料等方式了解中国传统节日；投票选出最想探究的中国传统节日，为后续的个性化探究学习做铺垫。

（1）Let's match（节日连连看）：Festival–Date–Activities.

（2）Let's read more（节日知识加油站）：Choose the festivals you're interested, read and finish the questions.

（3）Let's discuss（小组讨论）：The most popular festival in my group.

活动三：发布任务

以视频的方式发布单元大任务——Invent a new festival with Chinese customs.

（1）Let's think more（深入思考）：What is a festival? Do the customs change over the years?

（2）Let's know the task（了解单元大任务）：Let's invent a new festival with Chinese customs.

活动四：任务前测

借助思维工具STW（表7–2），讨论、提出疑惑并收集和整理问题，形成单元问题墙。

表7–2　思维可视化工具STW表

I see	I think	I wonder

（1）A new festival Q&A（新节日快问快答）：Collect more questions about how to invent a festival.

（2）Wonder Wall（完成疑问墙）。

【设计说明】

单元学习开始之前，学生在教师的引领下，明确单元大任务——设计一个独具中国特色的新节日，了解单元学习探究任务，互相交流自己关于单元大任务的困惑，期待在接下来的单元学习中解决这些疑问，如，How to introduce a festival? What aspects can we introduce about the festival?

子任务一：探究中国传统节日的英文表达方式

【学习目标】

子观念： 中国传统节日具有鲜明的文化特征。

新知识：

（1）能够理解课本中介绍的中国传统节日。

（2）本单元单词和句型的应用。

新能力：

（1）能够用英文说出 3~5 个中国传统节日。

（2）能够理解课本中介绍的中国传统节日。

【探究问题】

中国有哪些传统节日？怎样用英文表达这些传统节日？

【学习活动】

活动一：中国传统节日初探

（1）传统节日我知道。学生观看"Unit 11 Spring Festival"的视频，完成节日要素表格，分析春节这一传统节日的要素。

（2）阅读课本"Unit 12 Other festivals"，尝试用上一活动的分析方法，理解其他中国传统节日，并进行节日要素分析。

（3）我最喜欢的传统节日。教师进一步提出问题："What is your favourite festival? Why?"教师提供本单元的重点句型，给出节日介绍范例，鼓励学生分享最喜爱的节日并予以补充、评价。

活动二：中国传统节日的要素解析

（1）中国传统节日的习俗。根据学生对前两个问题的回答，启发学生思考常见传统节日的风俗习惯，如节日的标志性食物、特色活动等。以课本第

64 页的 "Listen and match" 为例，请学生看图听录音，将图片与节日名称连线。

（2）中国特色节日大赏。教师播放 "March 3rd Song Festival"（壮族三月三）、"Torch Festival"（彝族火把节）、"Mongolian Milk Festival"（蒙古族马奶节）等节日视频和图片，学生从多方面、多角度认识更多中国特色的传统节日，从中感受节日与文化的关联，增强对民族文化的认同感，树立文化自信。通过多种方式学习和巩固中国传统节日的英文表达，为接下来的子任务学习做铺垫。

活动三：我能介绍一个中国传统节日

（1）学生头脑风暴：可以从哪些维度介绍中国传统节日？

（2）基于教材内容，在 Unit11 对话和 Unit12 阅读语篇中，了解中国传统节日（春节、端午和中秋）的相关信息，提炼介绍中国传统节日的维度，学习关于节日的相关表达。

（3）小组合作，研读课文，完成中国传统节日信息表（表 7-3）。

表 7-3　中国传统节日信息表

Chinese Festivals					
When	What to eat	What to do	Where to go	Who is related	How to feel

活动四：中国传统节日分享会

（1）学生以小组为单位，选择一个中国传统节日，通过上网、查阅书籍等方式搜集相关信息，完成节日宣传海报初稿。

（2）教师利用 gallery walk 这一交流模式，引导学生在班级走动观察、交流、欣赏并点评其他小组的作品。

（3）各小组借助教师提供的语言支架，条理清晰地介绍中国传统节日，与其他同学进行交流互动。

【设计说明】

单元一开始，教师以头脑风暴的形式引出本单元的核心话题 "Chinese festivals"，激发学生的学习兴趣和探究欲望。接着通过多种方式带领学生学习和巩固中国传统节日的英文表达，为后面的学习做铺垫。在探究过程中，我们借助 5W1H 以及学习工具 gallery walk 架设自主探究与合作学习的思路，从学习中国传统节日的英文表达到了解中国传统节日的风俗习惯，再到如何多维度介绍中国传统节日，最后到中国传统节日分享交流会，学习难度和探究深度逐步提升，使学生在学习探究中形成概念性理解，发展英语学科核心素养。

子任务二：介绍我最喜欢的传统节日

【学习目标】

子观念：中国传统节日具有鲜明的文化特征。

新知识：

（1）本单元的重点词汇、句型、语法，在情境中实现交际功能。

（2）理解关于中国传统节日及与节日文化相关的语篇特征及其要素。

新能力：

（1）能理解课本中的对话并表演。

（2）用课本中的单词和句型，介绍中国传统节日。

【探究问题】

我们通过哪些方面来介绍一个传统节日？

【学习活动】

活动一：调查同学最喜欢的中国传统节日

班级举行一场访谈会，通过小组调查的方式，调查同学们最喜欢的中国传统节日，在情境中练习目标语言（表 7–4）。

表 7–4　My favorite festival

Name	My favorite festival	Reasons（food, people, activities...）

活动二：传统节日大侦查

（1）通过观看节日宣传视频，学习如何介绍一个传统节日，并梳理出介绍框架（5W1H分析法）。

（2）小组讨论确定一个传统节日主题，补充细节，完善节日元素图表。

（3）组间交流，以1+N的方式对节日主题内容进行补充、拓展、丰富。

活动三：写出我喜欢的传统节日

（1）选择自己喜欢的节日主题，进行节日话题写作。

（2）借助写作评价表（表7-5），组内探究补充、修改写作。

（3）以找朋友方式找到同主题习作，共同分享，互相学习完善，推选优秀作文。

表7-5　节日话题写作评价量规

维度描述		等级		
		3	2	1
评价维度	主旨	对节日的思考独特、新颖，能够吸引读者的注意力	有对新节日的陈述，观点清晰	基本写出对节日的简单理解
	结构	从不少于四个维度介绍创造的节日，且主次分明	从2~3个维度，介绍创造的节日，结构合理	罗列节日的基本要点
	内容	节日信息丰富，有相关要素的佐证材料	节日介绍较完整，有简单的解释说明	能勉强介绍节日的信息
	语法	单词拼写和标点符号几乎无错误，能准确使用相关连词	偶尔有拼写和标点符号错误，有使用连词	拼写和标点出现错误，句型基础，未使用连词

活动四：我为传统节日代言

（1）分享不同节日主题习作，同学互评并发表看法和补充建议，分享自我收获。

（2）全班梳理总结，形成成熟完整的写作思路。

（3）对语篇进行完善润色，结合生活实际，用海报或者微视频的方式，介绍我最喜欢的节日。

【设计说明】

在这一个探究任务中，学生开始思考如何描绘一个丰富多彩、寓意深远的传统节日场景来展现文化韵味，借助节日元素图表这一思维工具，教师引导学生为某一特定节日绘制场景图，接着我们采用1+N的方式（即详细解析一个传统节日，余下的N个节日用相同的方法小组合作学习），利用节日元素图表为自己感兴趣的传统节日绘制场景，从中获得创作灵感。学生可以通过节日元素、节庆活动的描绘来塑造节日特色，展现传统节日文化韵味，并丰富原有的习作思维导图。至此，学生们形成"节日是文化的符码"这一概念性的初步理解。

子任务三：对比中西方传统节日的文化差异

【学习目标】

子观念：文化环境不同，节日蕴含的象征意义也不同。

新知识：

（1）与节日文化相关的语篇特征及其要素。

（2）理解中西方节日文化的异同。

新能力：

（1）能够流利朗读、阅读中西方节日相关语篇。

（2）能够梳理、表达中西方节日的异同点。

【探究问题】

（1）中西方节日文化有什么异同？

（2）为什么中西方节日习俗存在差异？

【学习活动】

活动一：节日文化知多少

利用思维导图梳理节日相关词汇、句型。

活动二：了解中西方文化差异

阅读课本中关于 New Year's Day 节日介绍的短文，利用阅读策略分析节日中的要素，了解中西方节日的文化差异及其产生的原因。

活动三：中西方节日面面观

阅读 Christmas 短文，运用中西文化韦恩图（图7-2），把自己阅读后的发现记录下来，并在小组间进行分享交流，进一步补充想法，以此为例，对比发现中西方文化差异，加深对中西方文化的理解。

活动四：中西文化新发现

除了节日文化，中西方还有其他方面的文化差异吗？

小组阅读语篇 "Tea culture in different countries"，利用桥形图归纳中西方茶文化的异同（图7-3），小组进行分享展示。

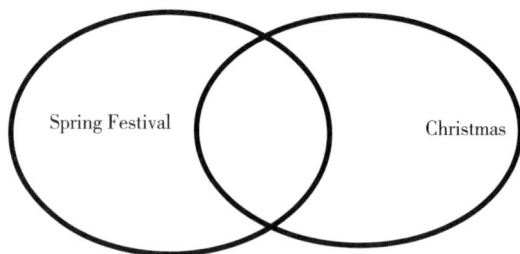

图 7-2　中西方文化韦恩图

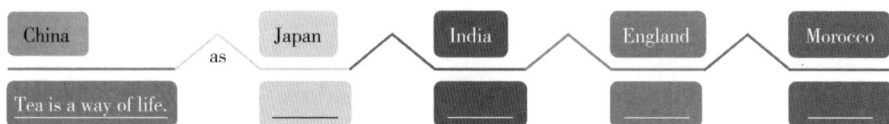

图 7-3　桥形图思维工具

活动五：我来分享

（1）利用 TAG 表格（表 7-6）进行互动交流，分享自己的喜欢或所学，或者提出问题或建议。

表 7-6　思维可视化工具 TAG 表

T（Tell something you learned or liked）	A（Ask a question）	G（Give a suggestion）

（2）总结本节课所学，课后以小组为单位收集更多有趣的中西方节日。

【设计说明】

这一探究任务的重点在于中西方节日文化的对比，教师引导学生阅读文本，寻找中西方文化异同，通过韦恩图进行关键信息提取、讨论、分享交流，形成对文化差异的理解和认同，从而提升跨文化意识。

教师根据 TAG 表引导学生交流所学所思，并根据同伴的反馈和讨论结果，进一步加深对不同文化的认识和理解。

子任务四：传统节日新发现

【学习目标】

大观念：节日是文化的符码，节日在传承和创新中得以延续和发展。

新知识：认识更多新奇的节日。

新能力：能够在新奇节日的启发下，自主创造独特的中国特色节日。

【探究问题】

我们如何创造独具中国特色的新节日？

【学习活动】

活动一：世界各地的新奇节日

（1）阅读语篇"Tomato Fight Festival"，借用思维可视化工具"剥水果"（图7–4），记录、梳理对节日的理解。

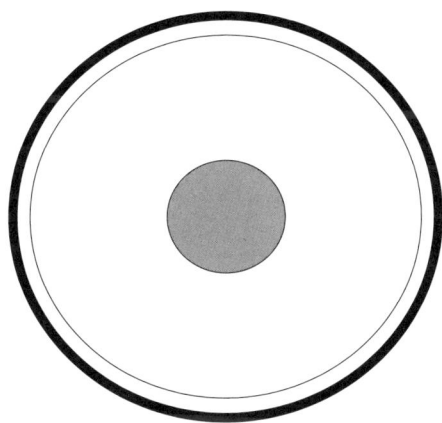

图7-4　思维可视化工具"剥水果"

（2）Let's share: 世界新奇节日大赏。

①小组汇报交流收集的新奇节日。

②聆听同学汇报，根据5W1H表格（表7-7），记录新奇节日的关键要素。

表7-7　节日汇报5W1H记录表

	What's the name of the festival?	
	When to celebrate?	
Who	to commemorate （纪念的人物）	
	can take part in （参与对象）	
	Where to celebrate?	
	Why do people celebrate?	

How to celebrate?	
Remarkable information I like （吸引我的更多信息）	

③提出质疑，汇报组解答。

④以小组为单位，交流对新奇节日的思考和想法。

活动二：节日要素分析

（1）确定本小组要创造的节日名称。

（2）学生分小组讨论介绍节日包含的要素，并制作思维导图。

（3）交流、质疑、补充节日思维导图。

（4）总结介绍节日需要包含的要素和可以选择拓展的要素。

活动三：节日创造

（1）以小组为单位，在前期选出的节日中选择本小组想介绍的节日，并在全班分享原因。

（2）通过头脑风暴，小组内讨论如何介绍该节日，并且完成节日宣传文稿。

活动四：节日游园会

（1）采用"Gallery Walk"的方式，小组间分享、交流节日海报。

（2）根据评价表格（表7-8），进行评价。

表7-8　节日海报评价量规

超出成功标准	满足成功标准	接近成功标准	远未达到成功标准
除成功标准中所列出的基本要求外，还包括： 1. 传统节日要素介绍完整 2. 语言表达流畅，能积极参与表达并与观众互动交流	1. 根据5W1H思维工具，从几个角度介绍我创造的中国特色节日 2. 语言表达标准流利 3. 能进行相似的中西方节日对比分析	满足成功标准所列出的其中两项基本要求	未满足成功标准所列出的其中两项基本要求

活动五：头脑风暴

小组在同学评价的基础上分析、重整，以游园会的方式，进行交流和思考，达成对节日的辨证理解。

【设计说明】

如何让学生深入体验如策划者般设计传统节日的过程？传统节日的设

计需有参与者的体验与共鸣，对设计者而言，获得参与者的认可是最大的鼓舞。在本单元的最后一个学习任务，我们策划了一场"新奇节日"游园会，为学生搭建了一个展现其创意与文化的舞台，让他们在展示中体会设计的乐趣与成就感。在分享与交流的过程中，学生能收获更深刻的文化理解。

小组共同商讨展览方案，决定采用"文化长廊体验"的形式，将其设计的传统节日以互动体验的方式呈现，供参观者自由探索。每名学生既是参观者、设计者，也是分享者，通过多重身份的转换，深化对"节日在传承和创新中得以延续和发展"的理解。

节日海报整理及学习反思

【学习要点】

（1）整理汇编宣传海报，形成班级节日海报集。

（2）大观念学习总结。

【学习活动】

1. 小组合作，根据自主创造的节日主题完善节日细节

（1）承接上一子任务的他组评价，小组内讨论如何补充相关细节。

（2）小组内分享自己对节日更进一步的理解。

（3）小组分工，根据讨论的结果完善节日的细节信息。

2. 整理汇编，形成"新奇的节日"海报集

（1）对各小组的节日作品进行归类、排序。

（2）为班级海报集设计封面、目录。

（3）装订整理。

【设计说明】

学生通过赏析各小组的宣传海报，结合他组的评价重新审视自己设计的节日，完善创造节日的细节要素，深入理解节日所包含的要素，形成对大观念的理解和认识。

五、教学反思

教前反思

中国传统节日是中华民族几千年文明积淀的结晶，蕴含着丰富的哲学思想、道德规范和审美情趣。在当今社会，传统文化受到西方文化的冲击，年轻一代的中国人对传统文化的了解和认同程度有所下降。《义务教育英语课程标准（2022 年版）》在教学建议中明确指出："引导学生在学习和运用英语的过程中，了解不同国家的风土人情、文化历史，以及科技、艺术等方面的优秀成果，进行中外文化比较分析，拓宽国际视野，加深对中华文化理解，增强中华文化认同感，逐步树立正确的世界观、人生观和价值观"。通过本单元主题 Festivals 的学习，学生能深入了解中国传统节日，体会传统节日背后的文化内涵，感受传统文化的魅力，增强对中华优秀传统文化的认同感和自豪感，树立正确的文化价值观。为此，科组老师们集思广益，完成以下几项工作。

1.科组集备，进行大单元教学设计

在开展本次大单元教学前，我们首先在科组内进行了大观念、大任务的集备。通过多次交流探讨，我们不断对任务的主题进行完善，最终确定了总结性评估任务：创造一个具有中国传统特色的节日。

为了更好地将中华优秀传统文化自然融入课堂，我们研读教材，梳理和归纳各册教材中的传统文化元素，这样才能将各中华优秀传统文化元素进行有机联结，整合成面，做到前后呼应，融会贯通。

最终，我们确定四个子任务：子任务一：探究中国传统节日的英文表达方式；子任务二：介绍我最喜欢的传统节日；子任务三：对比中西方传统节日的文化差异；传统节日新发现。

2.任务发布，激发探究兴趣

单元学习伊始，教师设计了"传统节日我知道"的前测活动，初步了解学生对中国传统节日的了解情况。同时，发布了本单元的大任务——创造一个具有中国传统特色的节日。这一任务对学生来说非常新颖，对数学感兴趣的学生想创造一个"圆周率节"，对戏曲感兴趣的学生想创造一个"潮州戏剧节"等等，学生们的思维空前活跃，对大任务产生了浓厚的探究兴趣。但是，怎样用英语介绍自己创造的节日呢？很多学生，对于节日包含的典型要素，如节日时间、庆祝活动、代表食物、与其他人物的关联等，则并未形成较为系统的想法。因此，教师鼓励学生把自己想要探究节日的疑问列举出来，形成 Wonder Wall（问题墙），以此引领学生开展后续探究，并在探究中尝试解答自己的疑问。

中期反思

在子任务一的学习过程中，我们和学生一起探究中国传统节日的英文表达方式，学生参与探究的兴趣十分浓厚。在课堂上，大部分学生都很愿意探讨。而小部分学生的疑问也引起了我们的反思，有学生提问，为什么要学习用英文表达我们的传统节日呢？这个问题很值得老师和学生共同思考。中国是文化大国，在全球化的今天，我们把中国的传统文化向世界推广，可以在中外文化思想碰撞的同时树立文化自信。

在子任务三对比中西方传统节日文化差异的学习过程中，我们发现学生对西方节日的了解程度超出了我们的预期，然而学生对部分中国节日的了解程度低于我们的预期。在信息化的今天，学生可以有多种渠道了解世界上的各种节日信息。由于一些西方的节日习俗充满趣味，学生对其了解的程度更深，但对身边的中国的传统节日了解较少印象淡化，这让我们更加意识到传统节日进课堂的重要性。

经过三个子任务的探究，学生学会了用英文从多元角度介绍中国的传统节日，并且能够对比中西方传统节日的异同，理解节日的庆祝只是形式，节日背后的传统文化内涵才是民族文化的传承意义。不同的节日包含多维要素，如果要创造一个节日，不仅要明确节日的多元维度，还要赋予节日以文化的内涵，与传统发生联系。因此，创造"圆周率"节的学生们，决定将节日设立在每年的 3 月 14 日，在这个节日中，我们要纪念中国古代数学家祖冲之，代表食物是车轮饼、派，庆祝活动有制造铁环、滚铁环、切派等，以此向中国古代数学家致敬，呼吁人们热爱数学，热爱中国传统文化。

我们鼓励学生带着一双看世界的眼睛，学习更多世界文化知识。我们也要培养学生的文化自信，了解、学习中国传统文化节日，培养文化意识，与时俱进，成为中国传统文化的推广人，让世界领略蕴含中国传统特色的节日魅力。

教后反思

在本单元教学中，通过开展中国传统节日课堂活动，可以让学生深入了解传统文化的内涵，增强对中华优秀传统文化的认同感和自豪感，培养学生的文化自信，增进师生情感交流，这是学校教育的重要环节。作为教师，我们必须重视包含文化意识的课堂活动，才能让学生在传统文化的熏陶中茁壮成长。

在实施大单元教学的过程中，我们发现学生对"创造一个新的节日"这一探究任务很感兴趣，有极强的探究意愿，同时，我们发现学生对中国传统节日内容的英文表达缺乏了解，因此教师需要引导学生进行语言学习的引导。在课堂上，由于学生对中国传统文化的表达不熟悉，老师有时候会习惯性地帮助学生，降低了学生的自主探究能力和自主思考能力。教师应通过问题引导和活动设计，尽量让学生进行自主探究，并通过查阅资料等途径拓展表达。

在总结性评估任务中，我们教师以大观念为统领，引导学生遵循探究循环，通过"认识节日—比较节日—创造节日"逐步深入探究，使其不仅完成知识与技能的掌握，而且深入理解单元大观念，开启对节日和传统、传承和创新的新视角，真正实现核心素养的达成。

第八章

科学：计量时间——
培养科学思维和实践能力

单元主题：计量时间。

单元内容：教科版科学五年级上册第三单元。

单元大观念：具有周期性运动特点的事物可以计时。计时工具发展过
程中的技术革新体现了人类对于精确度和可靠性的不断
追求。

单元大任务：举行自制计时工具产品发布会。

设计者：黄春霖、沈凝霞、杨海思、张颖彤、李洁环、曹宁、杨婉怡、
李梦怡、严榕、吴菲菲、吴素琼。

一、单元内容分析

自古以来，人类一直在探索如何准确计量时间，并发明了多种类型的计时工具来实现这一目标。然而，许多学生对计时工具的工作原理并不十分了解，也不清楚其对人类活动的重要性。在本单元的学习中，学生将参与丰富的探究活动，了解时间的计量方法，理解计时工具的重要性，培养动手能力和创新思维，从而更加关注计时与生活的关系，学会珍惜时间并准确使用时间。

在本单元中，学生将学习水钟、摆钟、燃香钟的制作原理，了解人类计时工具的发展历程及其对社会的影响。通过实验探究，学生将认识不同计时工具的优缺点，并了解影响摆的快慢的多种因素。此外，学生将通过小组合作，进行思维碰撞，设计、调试和改进计时工具，最终制作一个适用于体育锻炼的计时工具。在这个过程中，学生将亲身体会计时工具的演变，经历从了解到内化再到制作的过程，进一步提升科学学习的兴趣，养成良好的科学思维、科学态度及动手能力。

二、单元整体设计思路

本单元属于"科学探究与实践"任务群，旨在通过科学探究活动，让学生了解时间计量的基本原理和历史发展，体验科学探究的过程，培养科学思维和实践能力。"时间计量"是科学探究的大概念，而"工程设计与制作"则是技术实践的大概念。在"计量时间"单元，学生将通过以下几个方面来达成学习目标。

科学观念：学生将了解燃香、水流在一定情况下的匀速变化和单摆具有等时性，认识这些周期性运动的特点可以用来计时。同时，学生还会了解计时工具的精确性是随着设计和材料的改进而提高的。

科学思维：学生将通过分析、比较数据等方法，发现事物有规律的变化是计时的本质。他们将学习如何通过数据整理和分析，判断水流速度与水位高低的关系，以及摆的快慢与摆绳长短的关系。

探究实践：学生将观察和记录燃香长度变化的信息，控制实验中的可变因素，并预测和测试改变一个可变因素如何影响实验结果。他们还将设计、制作和改进"水钟""摆钟"等简易计时器，通过阅读和研究科学资料获取更多信息。

态度责任：学生将发展对探究时间及计时工具的兴趣，意识到重复实验证实结果的重要性，并欣赏前人在计量时间和解释自然现象方面所做的贡献。

跨学科整合：本单元还将涉及技术、工程与社会的关系，工程设计与物化的过程，让学生在实践中体验科学、技术与工程的相互影响与促进。

核心教学策略采用"探究—发现—运用"的模式。学生首先通过探究活动，比如，观察燃香的长度变化、水流速度的影响因素等，来发现时间计量的基本原理，将这些发现应用到计时工具的设计和制作中。在这个过程中，学生不仅能体验到科学探究的乐趣，还能加深对时间计量的理解，体会到科学技术与社会生活之间的密切关系。同时提高创新思维和问题解决的能力。

"计量时间"大单元·大观念教学导图如图 8-1 所示。

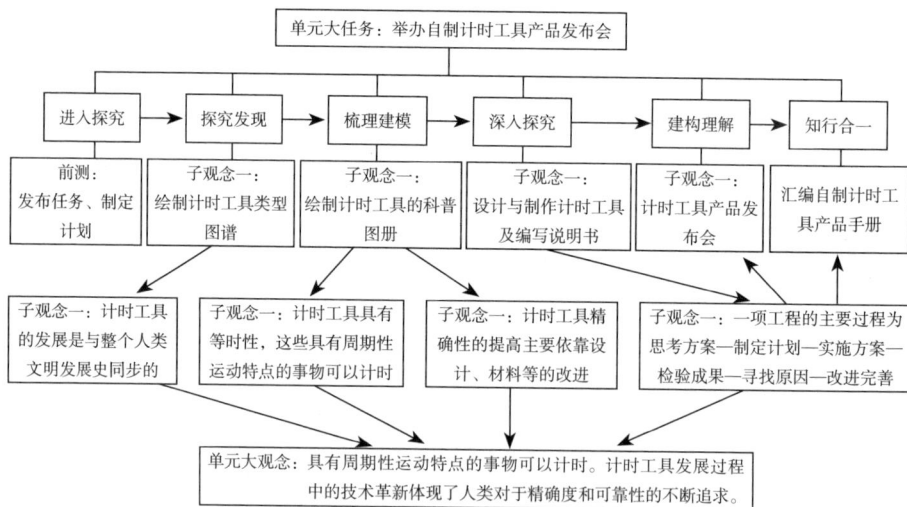

图 8-1 "计量时间"单元教学导图

三、单元整体教学设计（表8-1）

表8-1 单元整体教学设计

（一）单元基本信息			
单元 主题	主题名称	三大维度	六大领域
	计量时间	社会维度	我们身处什么时空
教材 内容	涉及教材 内容	教科版科学五年级上册第三单元"计量时间"	
	对应的课 程标准	1. 技术与工程创造了人造物，技术的核心是发明，工程的核心是建造 5~6年级：举例说出一些典型的发明，知道发明会用到一定的科学原理 2. 科学、技术、工程相互影响与促进 5~6年级：举例说明科学发现可以促进新技术发明 3. 工程的关键是设计 5~6年级：利用示意图、影像、文字或实物等多种方式，阐明自己的创意，初步认识设计方案中各影响因素间的关系 4. 工程是设计方案物化的结果 5~6年级：利用工具制作简单的实物模型，根据实际反馈结果进行改进并展示	
学科 概念	跨学科概念：结构与功能、系统与模型		
	学科概念：计时工具、等时性、周期性运动、精确性		
探究 问题	事实性问题： 1. 从古至今，计时工具有哪些？（形式） 2. 计时工具有什么特点？（功能）		
	概念性问题： 1. 怎样设计和制作一个计时工具？（功能） 2. 如何提高计时工具的精确性？（联系）		
	辩论性问题：无		

（二）单元学习目标		
大观念【U】	新知识【K】	新能力【D】
具有周期性运动特点的事物可以计时，计时工具发展过程中的技术革新体现了人类对于精确度和可靠性的不断追求	1. 知道日晷、圭表、水钟、手表等计时工具 2. 知道计时工具具有等时性，这些具有周期性运动特点的事物可以用来计时 3. 知道计时工具精确性的提高主要依靠设计、材料等的改进 4. 理解一项工程的主要过程为思考方案—制订计划—实施方案—检验成果—寻找原因—改进完善	1. 批判性思维能力 ①在探究摆的快慢与什么因素有关的实验中，能预测和测试怎样改变一个可变因素，从而影响实验结果 ②能辨别和控制实验中的可变因素 2. 创造性思维能力：会设计、制作和改进简易计时器 3. 信息能力 ①在查阅资料的过程中，培养分析、解释数据、获取评价和交流信息的能力 ②在展示环节清晰流畅地介绍自己的作品，同时善于倾听他人的表述

	（三）单元学习评价证据				
表现性评价任务	目标	角色	受众	情境	作品
	综合运用主题单元所学知识、技能以及观念为自己设计一款符合体育锻炼需求的计时工具	计时器设计师	学生	为提高学生的身体素质，每名学生都应该自觉地进行体育锻炼。其中，计时工具能很好地量化跳绳、仰卧起坐等运动	计时器及产品说明书

表现性评价任务（续）

学习引导语：

为了提高同学们的身体素质，学校鼓励大家每天运动 1 小时，而计时工具能更好地帮助我们量化每一项体育运动。请你综合运用单元所学为自己设计一款符合体育锻炼需求的计时工具，并参加班级产品发布会，向大家推介自己的作品

	自制计时器产品发布会评价量规				
表现性任务量规	评价占比	超出成功标准	满足成功标准	接近成功标准	远未达到成功标准
	产品70%	除成功标准所列出的基本要求外，还包括以下其一：1. 外观创新 2. 高精确度 3. 有提醒功能	1. 实用性与完整性（适用多场景、多项目、多种时间设定） 2. 便携性（轻、小易携带） 3. 操作便利性（易启动、易终止） 4. 准确性（计时误差小） 5. 稳定性（重复计时结果差距小）	满足成功标准所列出的四项基本要求	未达到成功标准所列出的四项基本要求
	产品推介30%	除成功标准所列出的基本要求外，还包括：产品的创新点表达清晰明了	1. 设计图简洁明了、科学合理 2. 产品说明书完整、规范、清晰 3. 语言流畅、有逻辑	满足成功标准所列出的两项基本要求	未达到成功标准所列出的两项基本要求

其他评估证据	思维可视化工具单、类型图谱、科普图册、自制计时工具产品及产品说明书等

	（四）单元学习探究设计			
结构化子任务	任务名称	学科概念	子观念 / 单元大观念	课时
	发布单元任务与前测	/	/	1
	子任务一：绘制计时工具类型图谱	计时工具	计时工具的发展是与整个人类文明发展史同步的	2
	子任务二：绘制计时工具的科普图册	等时性、周期性运动、精确性	1. 计时工具具有等时性，这些具有周期性运动特点的事物可以用来计时 2. 计时工具精确性的提高主要依靠设计、材料等的改进	4

	子任务三：设计与制作一个计时工具及说明书	等时性、周期性运动、精确性	一项工程的主要过程为思考方案—制订计划—实施方案—检验成果—寻找原因—改进完善	3
结构化子任务	子任务四：计时工具产品发布会			1
	汇编自制计时工具产品手册	/	具有周期性运动特点的事物可以计时，计时工具发展过程中的技术革新体现了人类对于精确度和可靠性的不断追求	1

四、探究活动设计方案

发布单元任务与前测

【学习要点】激趣、发布任务、进行前测、制订计划。

【学习活动】

活动一：激趣

展示多种计时工具的图片，互动交流：你认识哪些计时工具？这些计时工具是怎么计量时间的？

活动二：发布任务

发布单元大任务：自制计时工具发布会，初步制定评价量规。

活动三：进行前测，生成计划

（1）前测：利用思维可视化工具 KWL 表进行前测（表 8-2）。

表 8-2　思维可视化工具 KWL 表

阅读课本第 39-56 页前		阅读课本第 39-56 页后
K（关于计时工具，我已经知道的是）	W（关于计时工具，我想要知道的是）	L（通过预习自学后，我所学到的是）
将你已经知道的写下来	写 2~3 个你想问的问题	将你之前所提问题的答案以及重要信息写下来（若阅读后还未找到答案，可以等学完本单元后再写）

（2）计划：制定自制计时工具的计划表。

【设计说明】

活动一以激趣为起点，通过展示各种计时工具的图片，如秒表、沙漏、电子钟等，引发学生的好奇心和探究欲。教师将与学生进行互动，引导学生分享自己所认识的计时工具，以及它们是如何计量时间的。这一环节旨在激发学生对计时工具的兴趣，为后续的学习活动打下良好基础。

活动二发布单元大任务——自制计时工具产品发布会。这一环节旨在明确单元大任务，为学生的学习明晰方向。

活动三进行前测与计划制订。利用思维工具 KWL 表，帮助学生梳理自己对计时工具的了解并引导学生依据单元大任务提出疑问，激发学生的探究欲望，进而制订详细的学习计划。学生将根据自己的学习计划进行针对性学习，确保学习活动的有序进行。

子任务一：绘制计时工具类型图谱

【学习目标】

子观念： 计时工具的发展是与整个人类文明发展史同步的。

新知识： 了解日晷、圭表、水钟、手表等计时工具。

新能力： 在查阅资料的过程中，培养分析、解释数据、获取评价和交流信息的能力。

【探究问题】

从古至今，计时工具有哪些？

【学习活动】

活动一：发布子任务一：绘制计时工具类型图谱

活动二：绘制计时工具类型图谱

（1）出示阅读资料 / 相关视频：展示相关计时工具的图片或视频，带领学生了解从古至今的计时工具，组织学生做好相关笔记，初步了解计时工具的发展史和外观等特点。

（2）引导学生合作绘制计时工具类型图谱。

（3）运用画廊观察工具，进行组间交流。

（4）全班交流，小组修改计时工具类型图谱（画廊观察工具）。

【设计说明】

绘制计时工具类型图谱的过程中，学生需要仔细观察不同类型的计时工具，了解它们的特点、功能以及发展历史。这一活动不仅有助于学生更好地掌握计时工具的基本知识，还能激发他们的创新思维，鼓励他们在实践中探索和创新。

子任务二：绘制计时工具的科普图册

【学习目标】

子观念： 计时工具具有等时性，这些具有周期性运动特点的事物可以用来计时；可以通过改进设计材料来提高计时工具的精确性。

新知识：

（1）了解计时工具具有等时性，这些具有周期性运动特点的事物可以用来计时。

（2）知道计时工具精确性的提高主要依靠设计、材料等的改进。

新能力：

（1）在探究摆的快慢与哪些因素有关的实验中，能预测和测试怎样改变一个可变因素，从而影响实验结果。

（2）能辨别和控制实验中的可变因素。

【探究问题】

计时工具有什么特点？

【学习活动】

活动一：建构科普图册的基本框架

教师介绍子任务二：绘制计时工具的科普图册，并引导学生如何借助学习工具单（表8-3）在每堂课后整理收集相关的素材，为后期绘制科普图册做准备。

表8-3 学习工具单

计时工具名称：_____（如燃香钟、水钟、摆钟等）	
外观	
原理及验证原理方法	

发展史	
其他（与主题相关的介绍即可）	

活动二：原理探究

实验 1：观察研究"一炷香"的时间

（1）教师展示龙舟香漏的造型和结构，引导学生思考：古人为什么这样设计龙舟香漏？为什么要隔相同长度的距离来挂铃铛呢？目的是什么呢？

（2）引导学生提出问题，如同一炷香，燃烧相同长度，所用的时间相同吗？

（3）引导学生进行猜想，设计实验，提示：可以参考课本第 42 页，并用简图把自己的设计或理解表达出来。

（4）提问：若把教材中的燃香长度从表格中（表 8-4）的四分之一、二分之一、四分之三、一整支分别改成 1 厘米、2 厘米、3 厘米、4 厘米是否可行？

表 8-4　燃香时间记录表

燃香的长度	四分之一	二分之一	四分之三	一整支
测量时间				
我的发现				

（5）根据实际情况修改实验记录表格。

（6）教师组织学生领取实验材料以及做好实验注意事项提醒工作。在实验过程中，教师进行巡视指导，引导学生思考和记录实验数据，并完成思维可视化工具单（表 8-5）。

表 8-5　思维可视化工具单

我过去的判断	我新观察到的，我的判断

（7）组织学生进行交流。

（8）学生借助学习工具单，在课后继续整理收集燃香钟的相关素材，为后期绘制科普图册做好素材准备。

实验 2：观察研究水钟的工作原理

（1）教师带领学生回顾水钟的造型、结构及水钟的发展史。引导学生思考：古人为什么这样设计水钟？目的是什么呢？

（2）学生根据自己的观点，作出合理的猜想。

（3）学生结合自己的猜想进行实验探究，以获取相关数据来验证自己的猜想（自主设计实验记录表格）。

（4）学生结合实验数据，得出结论。

（5）学生互动交流，达成共识，反思评价。

（6）学生迁移应用，完成下面的思维可视化工具（表8-6）。

表8-6　思维可视化工具

联系（除了水，还可以用哪些能流动的事物来制作计时工具？）	拓展（你为什么会想到这种事物？它们之间有哪些联系？）	质疑（你还有哪些疑惑？）

（7）学生借助学习工具单（表8-3），在课后整理收集水钟的相关素材，为后期绘制科普图册做好素材准备。

实验3：观察钟摆和自制摆运动的特点

（1）学生阅读下面材料，思考：摆钟是通过怎样的方式计时的？

材料1：意大利物理学家伽利略注意到悬在天花板的挂灯微微晃动，但无论摆动的幅度如何，完成一次摆动的时间总是相同的。这就是摆的等时性原理。伽利略认为此原理可以用来校准时间。他于1637年绘出了单摆装置的图纸。

材料2：1656年，有摆的挂钟（或座钟）产生于荷兰天文学家、物理学家惠更斯的实验室内。它是以伽利略发现的摆的摆动具有规则性这个原理为基础而发明的。从此以后，人类掌握了比较精确的测量时间的方法。

（2）通过实验探究，观察钟摆运动的特点，完成以下的实验记录表（表8-7）。

表8-7　钟摆1分钟摆动次数记录表

记录次数	第一次	第二次	第三次
摆动次数			

（3）根据统计结果，完成下面思维可视化工具单STW表（表8-8）。

表8-8　思维可视化工具STW表

S（see 观察）	T（think 思考）	W（wonder 疑问）
你有什么发现？	你认为它为什么会这样？你是怎么理解的？	你有什么疑问？你还想了解什么？

实验4：探究影响摆的快慢的因素

（1）引导学生结合自制摆1分钟摆动次数记录表（表8-7）中的数据进行思考：不同的摆1分钟摆动的次数不同，如何让摆刚好在1分钟摆动60次呢？

（2）引导学生提出问题：不同的摆在一定时间内摆动的次数各不相同，摆的快慢与哪些因素有关？

（3）学生思考并做出假设，根据自己的假设自主设计实验方案，完成学习单（表8-9）（基础薄弱的学生可参考课本第50–51页）。

表8-9　学习单

<table>
<tr><td colspan="4">子任务二：绘制计时工具的科普图册
第4课时摆的快慢
班级：_____　组别：_____　姓名：_____　学号：_____
自制摆1分钟摆动次数记录表</td></tr>
</table>

姓名	第一次	第二次	第三次
小明	53	55	56
小慧	62	60	61

【提出问题】不同的摆在一定时间内摆动的次数各不相同，摆的快慢与什么因素有关

【猜想】请你结合问题，做出合理猜想，并说出你猜想的依据

【设计实验】

用自己喜欢的方式把你的设计方案表达出来

【提示】
观察什么？
记录什么？
比较什么？

根据自己设计的方案设计出相应的实验记录表

【进行实验，收集数据】（填写上面自主设计的实验记录表）
【分析数据，得出结论】 通过分析数据，我发现：摆的快慢与_____有关，_____.
【交流论证，达成共识】 【应用迁移，解决问题】 如何让 1 分钟摆动 63 次的自制摆调整为 1 分钟摆动 60 次呢？说说你的想法，并尝试改进

（4）教师提问：如果将摆绳长短、摆锤质量改变，摆的快慢会受到影响吗？如何进行实验验证？要改变什么条件？哪些条件需要保持不变？

（5）学生根据实验方案进行实验，记录数据，完成实验记录单。

（6）各小组完成实验后，分析小组数据，得出结论，并把结论写在班级记录表中。

（7）全班交流论证，达成共识。

（8）学以致用，解决问题。1 分钟摆动 63 次的摆，应该如何调节让它刚好 1 分钟摆动 60 次呢？说说自己的想法，并尝试改进。

（9）学生借助学习工具单（表 8-3），在课后整理收集摆钟的相关素材，为后期绘制科普图册做好素材准备。

活动三：思维小侦探

（1）引导学生使用 CSQ 表（表 8-10）探究：如果计时工具不精确，会不会影响我们的生活？

（2）引导学生从使用材料、准确性、计时原理等方面对各种计时工具进行比较。

表 8-10　思维可视化工具 CSQ 表

如果计时工具不精准，会不会影响我们的生活？		
C（观点）	S（证据）	Q（提问）

（3）小组合作探究，总结和比较人类计时工具的演变（表 8-11）。

表 8-11　计时工具的比较

比较项目	日晷	水钟	摆钟	手表
使用材料				

准确性				
计时原理				
方便程度				
缺陷				

（4）调查和了解精确计时的重要性。

活动四：绘制计时工具科普图册

（1）结合四份实验学习工具单（表 8-3），小组交流：如何绘制计时工具科普图册？

（2）小组合作绘制计时工具科普图册，教师相机指导。

【**设计说明**】

通过子任务一的学习，学生初步认识了从古至今的计时工具，但对各类计时工具的计时原理还不能深入理解。因此，结合教材内容，在子任务二中设计了四个探究实验来研究燃香钟、水钟、摆钟的计时原理，同时在每一堂实验课中引导学生提出问题—猜想假设—设计实验（基础薄弱学生可以参考教材实验，理解后用图文表达出来，同时鼓励基础较好的学生进行创新，思考与教材不同的实验方案）—进行实验—采集数据—分析数据—得出结论—交流论证—达成共识—迁移应用—解决问题。此外，借助思维可视化工具，引导学生在课后结合所学整理素材，为后期绘制计时工具科普图册做好准备。最后，教师指导学生绘制计时工具的科普图册。至此，学生初步理解"计时工具具有等时性，这些具有周期性运动特点的事物可以用来计时""计时工具精确性的提高主要依靠设计、材料等的改进"这两个子观念。

子任务三：设计与制作一个计时工具及说明书

【**学习目标**】

子观念：一项工程的主要过程为思考方案—制订计划—实施方案—检验成果—寻找原因—改进完善。

新知识：知道计时工具精确性的提高主要依靠设计、材料等的改进。

新能力：会设计、制作和改进简易计时器。

【探究问题】

（1）怎样设计和制作一个计时工具？（功能）

（2）如何提高计时工具的精确性？（联系）

【学习活动】

活动一：确定方向

（1）教师展示一个简易计时器介绍子任务三：设计与制作一个计时工具，编写使用说明书，明确该计时工具应具备基本的计时功能，如倒计时和正计时等，并且要求操作简便。

（2）学生结合教师展示的作品示例，思考自己的设计思路。

活动二：设计方案

教师引导学生用画图、文字说明的方法把设计方案（表 8-12）表达出来。

（1）画出计时工具的外观草图。

（2）标注各部分功能和名称。

（3）用文字描述设计思路和使用方法。

表 8-12　自制计时工具设计方案

自制计时工具设计方案	
设计思路	我们的计时工具能帮助我们做什么？
外观草图	*请标注各部分的功能和名称
使用方法	

活动三：动手实践

学生按照自己的设计，准备材料，确定制作流程，开始制作。教师及时发现学生遇到的问题、困难，给予一定的指导与帮助。

活动四：检验成果

教师在课堂上为每组学生提供一个秒表，并鼓励他们进行自主测试。寻找原因，并分析原因，最好制订改进作品的方案。

活动五：改进完善

教师组织学生开展充分的研讨，展示各小组的测试结果（表 8-13），鼓励学生给予其他小组的计时器提出建议，引导学生提出改进方案。学生根据测试结果提出改进方案，不断调整改进自己的计时工具。

表 8-13 测试记录表

测试结果	改进方案

活动六：知行合一

（1）指导学生编写说明书。

明确要求：教师需详细解释说明书的重要性及其在发布会中的作用，明确编写说明书的具体要求和标准。

示范讲解：教师通过展示一份优秀的说明书样本（表 8-14），向学生展示说明书的结构和主要内容，包括标题、产品介绍、使用方法、注意事项、总结等部分。

表 8-14 说明书样本

一、标题 [自制计时器的名称] 说明书	
二、产品介绍	
（一）产品名称	
（二）制作材料	
（三）工作原理	
三、使用方法	
（一）准备工作	
（二）操作步骤 启动计时： 读取时间： 停止计时：	
四、注意事项	
（一）安全事项	
（二）使用限制	

逐步指导：学生根据自己小组的产品特点，开始撰写初稿。教师需巡视并给予个别指导，帮助学生厘清思路，确保每个重要部分都能详细完整地呈现。

修改完善：学生完成初稿后，教师组织小组内互评，每个小组交换说明书进行评阅，并提出修改建议，以便学生对初稿进行修改和完善，最终形成一份高质量的说明书。

（2）介绍发布会流程和注意事项。

流程介绍：教师通过 PPT 或图示的方式，清晰介绍发布会从开场到结束各环节的具体安排和顺序，如主持人开场、产品展示、观众提问、答疑解惑、总结闭幕等。

角色分配：教师根据学生的特长和兴趣，合理分配发布会上的不同角色，如主持人、产品经理、技术解答员、观众代表等，确保每名学生都明确自己的职责和任务。

注意事项：教师强调发布会中的礼仪和规范，如语言表达的清晰度、演示文稿的简洁美观、现场互动的礼貌回应等细节，以确保发布会的专业性和观赏性。

彩排演练：教师组织模拟彩排，让学生熟悉发布会的节奏和流程，及时发现问题并予以调整，确保发布会当天能够顺利进行。

（3）指导学生排练。

分组排练：学生根据分配的角色和职责，分组进行独立演练。教师需巡视各组，针对出现的问题及时进行指导，帮助学生逐步提高表达和演示能力。

联合排练：在各组独立排练的基础上，进行全流程的联合模拟演练。教师需全程跟踪，记录下每组的表现情况，并在演练结束后进行集中点评和反馈。

调整优化：根据排练过程中发现的问题，教师组织学生进行针对性的调整和优化，包括台词的精练、演示文稿的美化、现场互动的强化等，以提高整体效果。

模拟问答：教师模拟观众提问，设置常见问题和突发情况，让学生在实践中学会应对各种情境，提升临场应变能力和解决问题的能力。

【设计说明】

设计与制作计时工具及编写说明书旨在帮助学生理解时间的概念，并能够运用所学知识解决实际问题。

在实践中培养创新思维、动手能力和团队合作精神。同时，通过编写说明书和参与展示评价活动，学生还能够提高自己的语言表达能力和沟通能力。

子任务四：计时工具产品发布会

【学习目标】

子观念：一项工程的主要过程为思考方案—制订计划—实施方案—检验成果—寻找原因—改进完善。

新知识：知道计时工具精确性的提高主要依靠作品设计、材料等的改进。

新能力：在展示环节清晰流畅地介绍自己的作品，同时善于倾听他人的表达。

【探究问题】

如何提高计时工具的精确性？（联系）

【学习活动】

活动一：回顾本单元学习过程

（1）教师播放单元学习活动视频、照片，师生一同回顾学习过程。

（2）学生分享单元学习过程中的收获与感受。

活动二：现场发布会

（1）布置会场：将作品布置成画廊的形成，营造浓厚的展示氛围。

（2）学生角色：每名学生既是听众也是设计者、分享者，通过不同角色体验，加深对不同计时工具的理解。

（3）每名学生轮流分享自己的作品，介绍作品的设计思路、创作过程、作品使用方法和创新点；听众需认真倾听，并可提出疑问或分享自己的观点，形成积极的交流氛围。

（4）师生优化评价量规，进行点评交流。

表 8-15　产品发布会评价量规

评价占比	超出成功标准	满足成功标准	接近成功标准	远未达到成功标准
产品（70%）	除成功标准所列出的基本要求外，还包括以下其一：1. 外观创新 2. 高精确度 3. 有提醒功能	1. 实用性与完整性（适用多场景、多项目、多种时间设定）2. 便携性（轻、小易携带）3. 操作便利性（易启动易终止）4. 准确性（计时误差小）5. 稳定性（重复计时结果差距小）	满足成功标准所列出的四项基本要求	未达到成功标准所列出的四项基本要求

评价占比	超出成功标准	满足成功标准	接近成功标准	远未达到成功标准
产品推介（30%）	除成功标准所列出的基本要求外，还包括：产品的创新点表达清晰明了	1. 设计图简洁明了、科学合理 2. 产品说明书完整、规范、清晰 3. 语言流畅、有逻辑	满足成功标准所列出的两项基本要求	未达到成功标准所列出的两项基本要求

活动三：反思、总结

（1）学生填写 4C 表（表 8 –16），反思自己在整个活动过程中的表现，包括思维过程、创意亮点、沟通技巧和团队合作等方面。

表 8-16　思维可视化工具 4C 表

联系（通过观看了解别人的作品，谈感受）	质疑（你还有什么疑惑？）	观点（如何改进作品？）	变化（过去我认为…… 现在我认为……）

（2）小组内分享 4C 表，相互评价和学习，共同提升。

（3）教师总结本次活动的亮点与不足。

汇编自制计时工具产品手册

【学习要点】

（1）整理优秀作品，形成产品手册。

（2）单元学习总结和反思。

【学习活动】

1. 小组讨论，根据主题设计封面、目录

（1）明确设计主题：小组成员分享自己对主题的理解，明确主题，并讨论如何展现主题。

（2）制订设计方案—头脑风暴：在确定主题后，小组需要制订详细的设计方案，包括封面元素的布局、颜色搭配、字体选择等，确保设计方案符合产品的性质和预期效果。

（3）分工合作—绘制草图：根据讨论结果，各小组开始绘制封面和目录的草图，根据小组成员的擅长领域进行分工。例如，有些人负责设计布局，有些人负责色彩搭配，有些人负责文字编辑等，可以手绘或使用设计软件。

（4）修改与完善：在设计过程中，小组需要反复修改和优化设计方案，确保封面符合设计方案的要求，并且视觉效果吸引人。可以邀请小组外部的人员提供反馈，以获得不同的视角和建议。

2.整理汇编，形成产品手册

（1）收集整理：引导学生按照主题、创意等维度对作品进行分类。

（2）排版：学生进行初步排版，如封面设计、内页布局、插图选择。

（3）校对制作：完成初稿后，进行全面校对审核。

【设计说明】

用班级计时器产品手册将学生的优秀作品整理归档，能增强学生的成就感和学习的自信心。团队合作设计、编辑手册，能培养学生的合作能力和实践能力。

五、教学反思

教前反思

1.基于教学目标的反思

本单元旨在通过古人和现代人类发明的各种计时工具，帮助学生理解时间的计量方法及其演变过程，让学生理解时间的概念及其测量方法，掌握使用不同工具（如日晷、水钟、沙漏和现代钟表）来计量时间的基本技能，并培养他们探究时间和科学的兴趣。应当注意的是，时间是一个抽象概念，对于五年级的学生来说，理解和内化这个概念可能有一定难度，因此在实际教学过程中，教师需不断关注学生的反馈和表现，及时调整教学策略。此外，也要注重培养学生的团队合作能力和创新意识，通过小组活动和创意设计环节，增强他们的实践操作能力和科学探究精神。

2.基于学情的反思

五年级学生对于日常生活中的计时工具已有初步认识，但对于其不同的计时方法和历史发展认识较为模糊。因此，教师在教学中需要引导学生通过实验和资料阅读，逐步探究这些计时工具的特点和演变过程。

中期反思

如何让基础薄弱的学生也能更好地进行自主探究?

在原理探究环节,我们发现大部分学生都很感兴趣,能自主地结合猜想设计实验,但少部分基础薄弱学生显得无从下手,对此,我们借助教材的实验设计引导这部分学生进行阅读和理解,鼓励他们以图文的形式把自己的理解表达出来,为后期的自主探究打下基础。

教后反思

1. 以真实情境为基础,激发学生学习兴趣

在单元伊始,教师结合每天锻炼 1 小时这一真实情境,引导学生思考:有哪些方法帮助我们量化每项运动的时间。在后续的教学中,教师引导学生了解从古至今各种不同的计时工具及其工作原理,如圭表、日晷、水钟、摆钟、电子钟、石英钟等,让学生感受到计时工具发展过程中的技术革新,了解精确计时的重要性。在单元学习结束前,学生尝试制作一款符合要求的计时工具,有助于提高他们的动手能力与解决问题的能力。

2. 可视化思维工具的运用

一开始,学生对于各种思维工具并不熟悉,但随着单元教学的推进,学生对思维工具的使用逐渐得心应手。逐渐养成将自己所想转述为文字的习惯。这不仅有助于他们更好地理解和掌握知识,还能提高他们的表达能力和思维能力。同时,可视化思维工具也为我们提供了一种有效的教学手段,可以更好地了解学生的学习情况,及时调整教学策略。

3. 单元体系的构建和大观念的形成

在每个子任务中,我们都注重引导学生思考任务与整个单元体系的关系,帮助他们逐渐形成对整个单元体系的概念了解。通过完成一个个子任务,学生逐步完成对单元大观念的理解——具有周期性运动特点的事物可以计时,计时工具发展过程中的技术革新体现了人类对于精确度和可靠性的不断追求。

在教学过程中,我们始终围绕大任务——举行自制计时器产品发布会展开教学,让学生在学习过程中有一个明确的目标和方向。通过完成这个大任务,学生不仅全面掌握了计量时间的知识,还提高了他们的创新能力、实践能力和团队合作精神。

4. 教学中的不足和改进措施

在教学过程中，少部分学生对可视化思维工具的使用还不够熟练，需要进一步加强指导和训练。在今后的教学中，我们可以提供更多的示例和练习机会，让学生更好地掌握其使用方法。

在单元学习的过程中，个别小组发生了一些分歧。在今后的教学中，我们可以加强对学生团队合作能力的培养，通过小组活动、角色扮演等方式，让学生学会分工合作、共同进步。

第九章

美术：交通世界——
艺术源于生活并服务于生活

单元主题：交通世界。

单元内容：岭南版美术三年级下册第一、第二单元。

单元大观念：社会发展不断促进交通工具的发展，人们以想象力、创
造力促进社会发展，使我们的社会变得更美好，出行变
得更便捷。

单元大任务：对龙口西小学周边的交通进行规划设计制作沙盘模型。

设计者：耿一飞、李杰、严波钰、黄琦睿。

一、单元内容分析

交通，作为联结世界的纽带，自古以来就在人类社会中扮演至关重要的角色。从古代的步行、动物驮运和船只，到现代的汽车、火车、飞机，再到未来可能实现的智能交通系统和空中出行，交通世界的发展经历了漫长而精彩的过程。

本单元以"交通世界"为主题，是学生既熟悉又感兴趣的话题。学生将认识和了解古今不同时期交通工具的发展过程及变化；分析不同时期交通工具的造型、结构、功能、色彩；观察不同视角的高架桥与景物，大胆地进行绘画表现，体验高架桥壮观的造型、川流不息的汽车和景物，体会现代化交通枢纽的气势磅礴，感受国家经济的繁荣兴旺。同时，学生会对熟悉和客观存在的学校周边交通堵塞路况进行规划设计，来缓解交通问题，学会关心社会发展。

二、单元整体设计思路

艺术新课标指出："学生结合生活和社会情境，运用设计与工艺的知识、技能和思维方式，开展基于问题的学习、基于项目的学习，进行传承和创造。通过'综合·探索'，学生将所掌握的美术知识、技能和思维方式，与自然、社会、科技、人文相结合，进行综合探索与学习迁移，提升核心素养。"

"艺术与生活"这一观念强调艺术与生活的紧密联系，认为艺术来源于生活并服务于生活。在美术学科中，"交通世界"作为一个与人们日常生活密切相关的领域，为学生提供了丰富的艺术表现素材和创作灵感。通过学习"交通世界"，学生可以更好地理解和感受生活中的艺术元素，提高自己的艺术素养和审美能力。同时，学生还可以将所学的艺术知识和技能应用于生活中，创造具有实用价值和审美价值的作品，实现艺术与生活相融合。

本单元的大任务：对龙口西小学周边的交通进行规划设计，制作沙盘模型。本单元的核心教学策略就是通过情境设置参观"交通博览会"，认识古代交通工具，了解社会发展需求对促进交通工具发展的推进作用以及运用实景地图，手绘交通路线图，表现不同造型的高架桥、交通灯，明确其作为交通枢纽的作用，以此为交通规划设计做准备。

"交通世界"大单元·大观念教学导图如图9-1所示。

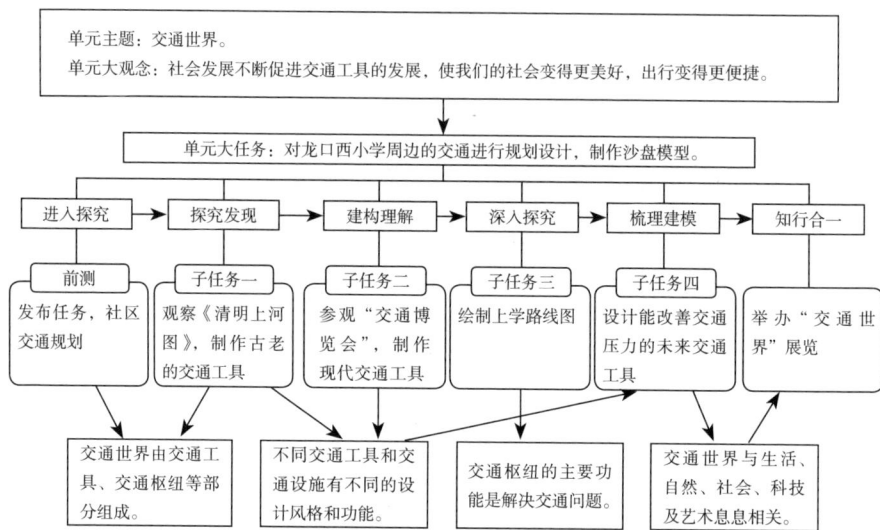

图9-1 "交通世界"单元教学导图

三、单元整体教学设计（表9-1）

表9-1 单元整体教学设计

(一) 单元基本信息			
单元主题	主题名称	三大维度	六大领域
	交通世界	社会维度	我们身处什么时空
教材内容	涉及教材内容	岭南版美术三年级下册第一、第二单元 （《古老的交通工具》《现在与未来的交通工具》《上学的路》《红绿灯下》《壮观的高架桥》）	

教材内容	对应的课程标准	美术表现： 1. "交通世界"为美术表现提供了丰富的素材和灵感 2. 学生可以通过多种艺术形式来表现"交通世界"的各个方面，如车辆的造型、交通设施的设计、交通场景的氛围等 3. 多种艺术表现形式有助于培养学生的美术表现能力，使他们能够运用美术语言来表达自己的思想和情感 审美判断： 通过对不同交通工具和交通设施的观察和分析，学生可以感受到不同设计风格和审美理念的差异，并逐渐形成自己的审美标准和审美理念 创意实践： 1. 交通世界中的创新设计和技术应用为学生提供了广阔的创意实践空间 2. 学生可以结合自己的生活经验和想象力，设计出具有创意的交通工具、交通设施或交通场景 3. 能通过美术创作来实现这些创意，有助于培养学生的创新精神和实践能力
学科概念	跨学科概念：原因、功能、形式、审美	
	学科概念：造型变化、设计、构建、创新、视觉文化、表现	
探究问题	事实性问题： 不同时期的交通工具有哪些特征？	
	概念性问题： 1. 古今交通工具是如何演变的？为什么会这样演变？ 2. 理想的交通世界是怎样的？ 3. 如何设计未来交通工具能够改善交通压力？	
	辩论性问题：无	

（二）单元学习目标

大观念【U】	新知识【K】	新能力【D】
社会发展不断促进交通工具的发展，使我们的社会变得更美好，出行变得更便捷	1. 知道古今交通工具的外形特点与变化 2. 知道"交通世界"由交通工具、交通枢纽等部分组成 3. 对比不同交通工具的功能 4. 知道不同交通工具和交通枢纽之间的联系 5. 知道基本交通规则，以及不同时期交通枢纽的主要功能解决不同时期交通问题	1. 观察分析能力：能细致观察当下社会交通现状，理解交通工具和交通枢纽之间的关系 2. 空间感知能力：能够感知桥梁的结构特点，寻找不同材料，有创意地进行整体建构 3. 艺术表现能力：能够运用绘画、综合材料造型等方式创意表现自己对理想交通世界的认识 4. 倾听表达能力：能够在集体或小组中认真倾听同伴

（三）单元学习评价证据

<table>
<tr><th>目标</th><th>角色</th><th>受众</th><th>情境</th><th>作品</th></tr>
<tr>
<td>对龙口西小学周边的交通进行规划设计</td>
<td>社区交通规划师</td>
<td>龙口西小学师生、周边单位及社区居民</td>
<td>龙口西小学师生、周边单位及社区居民希望基于学校附近单行线等实际交通情况，进行更为合理的社区交通规划，以期有效缓解上学、上班或回家路上的超级堵塞路况</td>
<td>1. 手绘学校附近的实景路线图
2. 设计未来交通工具
3. 完成交通枢纽改造图
4. 运用综合材料制作立体沙盘</td>
</tr>
</table>

表现性评价任务

学习引导语：

在上学路上，我们会看到川流不息的车流、形形色色的人群。亲爱的同学们，我们一起来观察周边交通状况，包括交通流量、交通拥堵点以及行人安全等方面吧！我们一起深入探究古今交通工具的优缺点，特别是它们在设计、能效、环保和安全性等方面的表现。作为未来社区交通规划师，我们将进一步探讨如何设计未来的交通工具，以解决当前我校周边存在的交通问题。结合未来城市的发展趋势、人口增长、环保要求以及科技进步等因素，为社会发展做贡献，使我们的出行变得更便捷

交通发布会评价量规

表现性任务评价量规

超出成功标准	满足成功标准	接近成功标准	远未达到成功标准
除成功标准中所列出的基本要求外，还包括： 1. 在保障交通工具基本的行驶用途下，增强它的功能性，详细分析现代交通工具的优缺点，大胆想象，创作现在和未来的交通工具 2. 表现"交通世界"有趣的场景或生活细节	1. 通过情境设置参观"交通博览会"，认识古代交通工具，了解社会发展需求对促进交通工具发展的推进作用 2. 基于现代交通工具的功能、造型，发挥想象力、创造力，设计未来交通工具 3. 运用实景地图，手绘交通路线图，能表现出道路的变化、不同造型高架桥、交通灯，明确其作为交通枢纽的作用 4. 综合运用主题单元所学知识、技能以及观念，对龙口西小学周边的交通进行规划设计	满足成功标准所列出的其中三项基本要求	未满足成功标准所列出的其中四项基本要求

其他评估证据	1. 学生在学习过程中所产生的作品 2. 学生在大观念探究学习单元中的收获与感悟			

（四）单元学习探究设计

	任务名称	学科概念	子观念	课时
结构化子任务	发布单元任务与前测	设计、构建、视觉文化		1
	子任务一：观察《清明上河图》，制作古老的交通工具	视觉文化、造型变化、审美	1. 交通世界由交通工具、交通枢纽等部分组成 2. 不同交通工具和交通设施有不同的设计风格和功能	2
	子任务二：参观"交通博览会"，制作现代交通工具	视觉文化、造型变化、设计、构建		1
	子任务三：绘制上学路线图	创新、表达、视觉文化	交通枢纽的主要功能是解决交通问题	2
	子任务四：设计能改善交通压力的未来交通工具	创新、造型变化、设计、构建、视觉文化	1. 不同交通工具和交通设施有不同的设计风格和功能 2. 交通世界与生活、自然、社会、科技及艺术息息相关	2
	"交通世界"展览设计与发布	设计、构建、创新、视觉文化、表达	社会发展不断促进交通工具的发展，使我们的社会变得更美好、出行更便捷	1

四、探究活动设计

发布单元任务与前测

【学习要点】激趣、发布任务、进行前测、制订计划。

【学习活动】

活动一：激趣——走进"交通世界"

导入：播放学校附近的交通视频。

老师提问："你们知道这是哪里吗？这里的交通状况如何呢？"引导学生分享家附近和学校周边的交通状况。

活动二：发布任务

（1）明确任务：教师向学生解释做交通规划师的任务，通过古今交通工具的功能、造型，发挥想象力、创造力，设计未来交通工具，改变交通状况。

（2）目标设定：明确单元大任务——对龙口西小学师生、周边单位及社区居民进行社区交通规划设计。解释任务的具体要求和评价标准。

（3）分组准备：将全班分成若干小组，每组 6~7 人。

活动三：进行前测，生成计划

1.理想的交通世界所具备的条件

（1）引导：你喜欢的交通世界是什么样的？有哪些交通工具？能解决现在哪些交通问题？

（2）指引：教师提供一些交通枢纽建设较好的图片、视频，如高架桥设计、科幻交通工具、智能道路等。

（3）分享：邀请几名学生分享他们的设计构思，师生共同给予反馈和建议。

（4）思考：学生根据教师的引导，开始思考自己小组理想中的交通世界。

（5）构思：学生独立或小组合作，设计特色交通工具，并拟写提纲或绘制思维导图。

2.前测与问题收集

（1）教师提问：在交通路线设计中，你认为会遇到哪些困难？为了设计合理的交通路线，适应未来发展的交通工具，你认为需要掌握哪些知识或技能？

（2）思考：学生思考并回答教师提出的问题，明确自己在设计中可能遇到的难点，整理成问题清单。

（3）讨论：在小组内分享自己的问题和困惑，相互讨论并尝试提出解决方案。

3.生成单元学习计划，形成问题墙

（1）思考：学生根据问题清单，思考在接下来的学习中如何解决这些问题。

（2）讨论：学生进行小组讨论，提出解决问题的方案，共同生成单元学习计划。

（3）表达：学生代表小组分享学习计划中的关键点，全班共同讨论和修改。

（4）归纳：教师将学生生成的单元学习计划归纳总结，形成最终版的学习计划。

（5）布置：教师准备一块空白墙面或黑板，用于展示学生的问题。

（6）引导：鼓励学生将自己在设计中遇到的问题写在便签纸上，贴在"问题墙"上。

（7）张贴：将便签纸贴在"问题墙"上，形成一个直观的问题展示区。

【设计说明】

"交通世界"作为一个与人们日常生活密切相关的领域，为学生提供了丰富的艺术表现素材和创作灵感。通过学习"交通世界"，学生可以更为直观地理解艺术元素在生活中的运用，提高审美感知艺术素养。同时，学生还可以将所学的艺术知识和创作技能进行多元化表达，创造出具有实用价值和审美价值的作品，实现艺术与生活相融合。

子任务一：观察《清明上河图》，制作古老的交通工具

【学习目标】

子观念：

（1）交通世界由交通工具、交通枢纽等部分组成。

（2）不同交通工具和交通设施有不同的设计风格和功能。

新知识：知道古老的交通工具的外形特点及功能。

新能力：寻找不同材料，有创意地进行古老交通工具的整体建构。

【探究问题】

不同时期的交通工具有哪些特征？

【学习活动】

活动一：探究传世名画

（1）学生赏析《清明上河图》，探索《清明上河图》中古人的出行方式，寻找所选用的交通工具。

（2）古人出行的方式有什么特征？如何选择交通工具？从《清明上河图》

中展开探寻，完成古人出行方式探寻表（表 9-2）。

表 9-2　古人出行方式探寻表

出行方式（观点）	交通工具（证据）	我的发现（启发）

活动二：交流发现

（1）学生根据小组讨论的结果，进一步完善自己的古人出行方式探寻表，特别是"我的发现"部分。

（2）每名学生向全班展示自己的探究结果，包括观点、证据和启发。其他同学可以提问或发表不同意见，形成积极互动的课堂氛围。

（3）教师引导学生总结如何根据探寻表设计、描绘、制作古代的交通工具，总结古老的交通工具中常见的交通工具特征（如人力、畜力等发力方式），对古老的交通工具进行归纳分类。

活动三：迁移运用

完成古代交通工具设计、制作，边展示边介绍交通工具在造型或功能上的特征。

【设计说明】

通过传世名画《清明上河图》的展示，激发学生的学习热情，引导他们深入探究古人的出行方式及其背后的原因。在探究过程中，学生将分析古代各种交通工具的造型、结构及功能，理解这些交通工具如何适应当时的社会需求和地理环境。随后，学生将根据对古代交通工具的探究，概括它们的基本形状和多样化的功能特点。最后，学生将设计并制作自己的古代交通工具模型，并在展示过程中详细介绍这些交通工具在造型或功能上的独特之处。

子任务二：参观"交通博览会"，制作现代交通工具

【学习目标】

子观念：

（1）交通世界由交通工具、交通枢纽等部分组成。

（2）不同交通工具和交通设施有不同的设计风格和功能。

新知识： 知道交通世界由交通工具、交通枢纽等部分组成。

新能力： 能细致观察当下社会的交通现状，理解交通工具和交通枢纽之间的关系。

【探究问题】

古今交通工具是如何演变的？为什么会这样演变？

【学习活动】

活动一：欣赏现代交通工具博览会

（1）欣赏现代交通工具博览会，找出现代交通工具的特征。

（2）根据探索交通世界博览会的视频、模型，总结探索，发表观点。

活动二：探索古今交通工具的变化

（1）通过参观"交通博览会"，了解不同时期交通工具的变化。

（2）总结现代交通工具的造型、结构及功能。

活动三：分析现代各种交通工具的造型、结构、颜色及功能

（1）能认真观察探索熟悉的交通工具带来的便捷。

（2）学生认真观看学习示范微课及欣赏优秀作品。

活动四：完成现代交通工具设计、制作与展示

根据探索情况进行设计、制作。边展示边介绍交通工具在造型或功能上的特征。

【设计说明】

在参观现代交通工具博览会的过程中，学生将探索古今交通工具的演变与发展，深入分析现代各种交通工具的造型设计、结构布局、颜色搭配以及实用功能。随后，基于这些分析和理解，学生将进行现代交通工具的设计，并亲手制作模型。在展示环节，学生将边展示自己设计的交通工具，边详细介绍其在造型或功能上的独特之处和创新点。

子任务三：绘制上学路线图

【学习目标】

子观念： 交通枢纽的主要功能是解决交通问题。

新知识： 知道不同交通工具和交通枢纽之间的联系。

新能力： 能细致观察当下社会交通现状，理解交通工具和交通枢纽之间的关系。

【探究问题】

什么是交通枢纽？交通现状是怎样的？

【学习活动】

活动一：观看视频，描述上学路线

（1）展示视频中从学生家—地铁3号线华师站—曜一城商场—十字路口—学校的路线。

（2）观察发现：上学时要经过哪些路口？要转几个弯？路上有什么特别的景物吗？完成表9-3中的"观察"。

（3）通过图片比较，探索平面地图与立体地图的区别，完成表9-3中的"思考"。

表9-3 思维可视化工具STW表

S（观察）	T（思考）	W（怀疑）

活动二：探究发现，看课本上的两幅地图

（1）赏析《西安世界园艺博览会总平面图》和《北京老字号店铺》手绘地图。

（2）总结：《西安世界园艺博览会总平面图》是平面地图，《北京老字号店铺》是立体图，通过两幅图了解什么是平面图和立体图。

活动三：从地图学习到图例、注记和标志性景物的作用

（1）解读地图，使学生相应了解地图、指向标、注记的作用。

（2）尝试自己进行标注。

活动四：学生合作完成上学线路图，小组间相互交流

（1）绘制上学路线图。

（2）小组展示汇报，互相评价。

【设计说明】

在学习了平面图和立体图的基本知识后，学生将进一步学习图例、注记和标志性景物在地图中的作用。图例是地图上用来表示各种地理要素的图形符号和文字说明；注记是地图上用来解释和说明图内各种符号的文字和数字，而标志性景物则是地图上用来标识重要地点或特征的自然或人工景物。

最后，学生将合作完成一张自己上学的路线图。在绘制过程中，他们需要参考之前观察的路线信息，以及学习的地图绘制技巧，如如何选择合适的图例、如何添加注记等。完成路线图后，学生将在小组间进行相互交流和展示，分享他们的绘制成果和心得。

子任务四：设计能改善交通压力的未来交通工具

【学习目标】

子观念：

（1）不同交通工具和交通设施有不同的设计风格和功能。

（2）交通世界与生活、自然、社会、科技及艺术息息相关。

新知识：

（1）知道交通世界由交通工具、交通枢纽等部分组成。

（2）知道不同交通工具的功能。

（3）知道不同交通工具和交通枢纽之间的联系。

新能力：在课堂讨论中清晰而有逻辑地表达自己对交通工具的了解，倾听他人的想法。

【探究问题】

理想的交通是怎么样的？如何设计未来交通工具能够改善交通压力？

【学习活动】

活动一：总结子任务一中古老的交通工具

（1）"清明上河图"——学生作品展示。

（2）激发困惑：用什么形式的未来交通工具能够改善交通压力呢？完成表10-4中的"发现"。

活动二：欣赏现代交通工具——海陆空交通工具

（1）利用思维可视化工具进行探究总结（表9-4）。

（2）欣赏海陆空交通工具完成可视化工具的探究（表9-4）。

活动三：探索上学路上的交通状况

（1）总结小组发现的问题，布置解决问题的任务。

（2）探究现有交通工具的优缺点。

活动四：未来社区交通规划师探究如何设计未来交通工具，解决当前交通问题

（1）设计一款外观、动力及功能的未来交通工具，完成可视化工具中的"设计"（表9-4）。

（2）小组展、评价。边展示边介绍未来交通工具的创意性。

表9-4　思维可视化工具

发现	探究	设计

【设计说明】

通过设置问题"如何设计未来交通工具能够改善交通压力？"，激发学生深入思考。通过观察和讨论，学生将初步了解交通工具的多样性和它们在社会发展中的作用，并认识到交通不仅是运输手段，也是文化和科技的体现。

超学科概念、学科概念起到了聚焦教学重难点、重整知识的作用，将美术教学与更广泛的文化、历史、社会和科学概念相结合，帮助学生理解美术在不同领域的作用和意义。

"交通世界"展览设计与发布

【学习要点】

（1）梳理创作成果，举办"交通世界"展览。

（2）单元学习总结和反思。

【学习活动】

综合运用主题单元所学知识、技能以及观念，对龙口西小学师生、周边单位及社区居民进行社区交通规划设计。熟练展现"交通世界"有趣的场景或生活细节。

（1）总结经验：总结基本交通规则，以及不同时期交通枢纽的主要功能

是解决不同时期交通问题。

（2）初步设计：准备好设计立体模型的材料，分小组展示上学路线图，并汇报小组发现的问题。

（3）修改与完善：小组思考如何规划会让理想的交通世界更合理。探讨最优化设计方案，以及选择所需材料。

（4）设计与实施：根据小组方案，对龙口西小学师生、周边单位及社区居民进行社区交通规划设计。熟练展现"交通世界"有趣的场景或生活细节，设计并完善小组的"交通世界"展览。

（5）小组合作完成展览设计并展示。

【设计说明】

通过对单元作品整理整合，能够让学生看到自己的作品被展览，增强成就感和自信心。整合设计可以让学生学习组合搭配，培养审美能力和设计能力以及团队协作能力与表达能力。

五、教学反思

教前反思

1. 基于教学目标的反思

在设定本单元的教学目标时，教师希望学生能够了解不同交通工具的种类、功能以及它们在社会中的作用。培养观察交通现象的能力，学会分析交通工具的特点和交通场景的现状。通过美术创作表达自己对交通世界的理解和感受，发展创新思维和审美能力。

2. 基于学情的反思

三年级学生对交通工具有了一定的认知和了解，能够识别常见的汽车、火车、飞机等交通工具。学生对现代化交通工具（如高铁、飞机等）特别感兴趣，对于它们的速度、外形等有强烈的好奇心。同时，学生对于未来交通工具的想象也表现出浓厚兴趣，愿意参与相关话题的讨论和创作。但对于交通工具的历史演变等方面的认知还较为有限。因此，教师将整个单元的探究导入设置为观察《清明上河图》中古老的交通工具。在实施过程中，采用更多互动性和参与性的可视化思维小工具，以激发学生的兴趣和积极性。

中期反思

针对学生的兴趣与疑问,我们如何回应以支持学生的自主探究(差异化教学)?

通过展示不同时代的交通工具图片或视频,让学生感受交通世界的多样性,从而激发他们探究的兴趣。

设计与交通世界相关的创作任务,如制作《清明上河图》中古老的交通工具、绘制上学路线图、创作自己喜欢的现代交通工具、设计未来的交通等,让学生在创作中表达自己的理解和想象。鼓励学生在课堂上分享自己的探究经验和体会,让其他学生从中获得启发和借鉴。组织学生进行作品展示,增强学生的自信心和成就感。引导学生进行互相评价,让他们从他人的作品中发现优点和不足,促进共同进步。针对学生在探究过程中遇到的问题和疑惑,进行针对性的引导和解答,帮助学生深入理解和掌握相关知识。根据学生的兴趣和需求,拓展相关的探究内容和任务,引导学生进行深入学习和探索。

教后反思

1. 我们的教学策略在多大程度上帮助学生理解?

探究式学习鼓励学生主动参与、自主探究,这在"交通世界"的探索过程中尤为明显。学生需要主动探索交通世界的各种元素,如车辆、道路、交通标志等,并尝试将它们融入自己的美术作品中。他们通过自己的观察、分析和实践,更深入地理解交通世界的复杂性和多样性。学生需要通过实践来验证自己的理解和想法。在"交通世界"中,学生需要创作出自己的美术作品,这本身就是一种实践和创新的过程。学生还通过尝试不同的创作材料、技巧和风格,来表达自己对交通世界的理解和感受。这种实践和创新的过程不仅提升了学生的美术技能,还培养了他们的创新思维和解决问题的能力,深刻感受到交通世界与生活、科技、艺术之间的关系。

2. 哪些主要证据证明学生发展了对"KUD"的理解?

学生在课堂上能够准确回答与美术交通世界相关的问题,表明他们对基础知识有深入理解。在讨论环节,学生能够提出自己的见解,与同伴或老师进行深入交流,这显示出他们对所学内容的理解和应用能力。学生在完成与美术交通世界相关的项目时,能够清晰地阐述项目的目标、过程和结果,这证明了他们对该主题的深入理解。在美术技能方面，学生能够展示出从简单到复杂的创作技巧，这表明他们在技能方面得到了发展。学生在创作过程中能够展现出创新思维，如尝试新的创作材料、技法或结合其他学科知识进行创作等。通过学生作品分析，教师发现学生创作的美术作品能够体现对交通世界的深入理解和观察，如作品中包含多种交通元素、具有创新性的设计等。通过美术交通世界的学习，学生能够更深入地理解交通与人类社会的关系，形成积极的情感态度和价值观，例如，在作品中表现出对环保、安全等问题的关注。

总之通过课堂表现、作业完成情况、作品分析、课堂讨论和项目报告等多方面评估，我们可以清晰地看到学生在美术交通世界这一主题下所取得的进步。由此可见，通过以上措施，我们可以有效地支持学生在美术课程中针对"交通世界"单元进行自主探究，提高他们的学习兴趣和探究能力。

第十章

音乐：民歌探源——
做民族文化的传承者和发扬者

单元主题：民歌探源。

单元内容：花城版音乐三年级上册。

单元大观念：民族文化智慧造就了风格各异的民歌，热爱中国音乐文
化，坚定文化自信，传唱民歌是我们的使命。

单元大任务：举办民歌音乐会。

设计者：王天怡、罗慧婷、何伊淳、朱燕君。

一、单元内容分析

民歌是我国民族音乐的重要组成部分，是民族文化、民族精神和民族血脉的传承。民歌源于生活并高于生活，源于劳动又高于劳动。通过传唱民歌，学生不仅可以了解中国各地音乐文化的特色，还可以了解各民族、各地区的风土人情。在这个过程中，学生也能通过中国各地区音乐的差异性体会中国民族文化的多样性，从而增强民族自信，成为一名中国民族文化的传承者和发扬者。

在本单元，学生将在聆听者和表演者两种身份之间切换。作为聆听者，通过听赏不同地区的民歌，感受其背后的音乐文化魅力，挖掘音乐的起源与当地的人文风情；作为表演者，需运用演唱、歌舞、特色乐器伴奏等方式诠释对作品的理解，通过互相交流分享，在合作中共同成长。通过这一过程，学生将充分理解"民歌源于生活并高于生活"的深刻内涵。

二、单元整体设计思路

学生通过"听赏与评述"民歌、"演唱与演奏"民歌，了解民歌的分类与起源，感受不同民歌的风格特点；通过对民歌作品的整体感知、联想想象，建立音乐与人文的联系，探究音乐的起源，了解民歌背后的文化；通过对音乐要素的正确表达，在音乐实践中厚植文化认同，增强民族自豪感和自信心。

本单元的大任务设计为"举办'民歌音乐会'"。本单元采用"探究 – 发现 – 运用"的螺旋式教学策略：通过听赏和评述民歌作品，引导学生体会民歌的文化内涵；借助演唱与艺术实践，构建"感知 – 理解 – 表达"的完整学习闭环。

"民歌探源"大单元·大观念教学导图如图 10-1 所示。

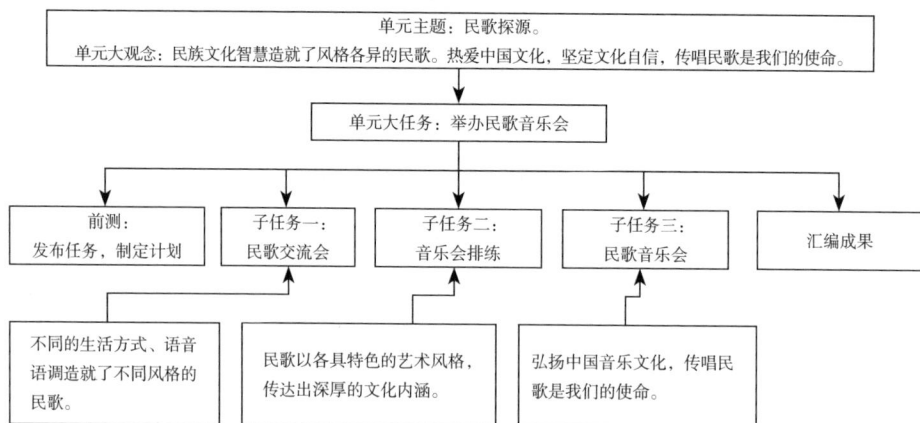

图 10-1 "民歌探源"单元教学导图

三、单元整体教学设计（表 10-1）

表 10-1　单元整体教学设计

（一）单元基本信息			
单元主题	主题名称	三大维度	六大领域
	民歌探源	社会维度	我们身处什么时空
教材内容	涉及教材内容	花城版音乐三年级上册	
	对应的课程标准	1. 听赏与评述：通过听赏与评述，学生需要了解不同类别和体裁歌曲的表现形式、表现特征，感受不同地区、民族和国家的音乐风格、韵味；学生需要具有一定的中国民歌听觉经验，能唱短小的民歌，了解基本的中国传统音乐知识 　　2. 独唱与合作演唱：学生需乐于参与各种演唱活动，能用正确的姿势和方法、自然的声音，能自信、有感情地独唱或与同伴合作进行齐唱、轮唱、固定音型伴唱以及其他形式较为简单的合唱。在教学中，教师应注意调动每一位学生参与的积极性，增强学生在公众面前表演的自信心；在学生学会歌曲的基础上，可以适当开展一些拓展活动，将本任务与其他任务相结合，进行歌曲改编与表演，根据歌曲内容进行音乐剧、歌舞剧的创编和表演等 　　3. 编创与展示：学生需要根据音乐的情绪、特点编创律动或舞蹈动作，并能对自己或他人的编创与表演进行简单评价。在教学中，教师要以正面鼓励和正确引导为主，让学生感受创造的乐趣，增强编创的自信心。广义的音乐作品可以是一段节奏或旋律，也可以是一组动作或舞蹈、戏剧片段等。教学中，教师要充分利用素材资源或现场材料开展有目的的创作活动，形成创、演、赏、评一体化的完整学习过程	
学科概念	跨学科概念：形式、功能、审美、责任		
	学科概念：音乐表现要素、艺术表现、音乐风格、文化理解		

探究问题	事实性问题 1.什么是民歌？ 2.不同地区的民歌有什么特点？
	概念性问题 1.如何表现不同地区民歌的风格特点？ 2.学习民歌有哪些意义？
	辩论性问题：无

（二）单元学习目标

大观念【U】	新知识【K】	新能力【D】
民族文化智慧造就了风格各异的民歌，热爱中国音乐文化，坚定文化自信，传唱民歌是我们的使命	1.了解民歌的特点与类别 2.了解不同地域民歌不同的音乐风格 3.知道表现民歌需抓住民歌不同的特点	1.音乐鉴赏与演奏能力：能欣赏民歌的音乐风格，演唱民歌 2.自我管理和关系管理能力：制定计划，有效管理时间、情绪等，通过小组合作，最终完成民歌音乐会的表演 3.协作能力和交流能力：在小组合作中互相尊重与体谅，进行民主协商，通过协作解决任务，并借助丰富的工具和形式，完成音乐会的表演和交流

（三）单元学习评价证据

	目标	角色	受众	情境	作品
表现性评价任务	综合运用本单元所学，用小组合作的方式，通过歌唱、舞蹈、乐器演奏等综合艺术形式表现民歌音乐风格	表演者	全体师生（观众）	在即将举办的民歌音乐会上，作为一名民歌艺术家，你需要以不同的艺术表演形式将不同地区的民歌展现给观众	民歌音乐会
	学习引导语： 　　不同的生活方式和语言、音调造就了不同风格的民歌，传承民歌是我们的责任。在即将举办的民歌音乐会上，作为一名民歌艺术家，你需要以不同的艺术表演形式将不同地区的民歌展现给观众。请你综合单元所学知识、技能为观众呈现一场精彩的民歌音乐会				

表现性任务评价量规	民歌音乐会评价量规			
	超出成功标准	满足成功标准	接近成功标准	远未达到成功标准
	除成功标准中所列出的基本要求外，还包括： 在体现民歌风格的基础上对歌曲进行至少1处的创编	1. 简单介绍民歌所属分类、地区及音乐特点 2. 小组成员分工明确，各司其职 3. 准确运用音乐要素进行音乐实践，体现民歌风格 4. 能运用综合艺术进行创编和表演，做到表情自然	满足成功标准所列出的其中三项基本要求	未满足成功标准所列出的其中三项基本要求

其他评估证据	民歌探究单、音乐作品介绍单、节目单设计以及排练过程中的过程性视频、照片记录、音乐会作品集等

（四）单元学习探究设计

	任务名称	学科概念	子观念	课时
结构化子任务	发布单元任务与前测	/	/	1
	子任务一：民歌交流会	音乐表现要素、音乐风格	不同的生活方式、语音语调造就了不同风格的民歌	3
	子任务二：音乐会排练	音乐表现要素、艺术表现	民歌以各具特色的艺术风格，传达出深厚的文化内涵	3
	子任务三：民歌音乐会	音乐风格、文化理解	弘扬中国音乐文化，传唱民歌是我们的使命	1
	汇编成果	/	/	1

四、探究活动设计

发布单元任务与前测

【学习要点】激趣、发布任务、进行前测、制订计划。

【学习活动】

活动一：激趣

你唱过哪些民歌？你有没有愿意分享给其他同学的民歌作品？

活动二：发布任务——举办民歌音乐会

创设情境：不同的生活方式和语言音调造就了不同风格的民歌，传承民歌是我们的责任。在即将举办的民歌音乐会上，作为一名民歌艺术家，学生需要将不同地区的民歌展现给观众。

（1）明确任务：向学生解释"民歌音乐会"的形式，告知学生需选取一个感兴趣的民歌作品进行表演。

（2）目标设定：明确单元大任务——举办民歌音乐会，教师出示具体的任务要求和民歌音乐会评价量规。

活动三：进行前测，生成计划

1. 音乐表演构思

（1）引导：你会选择哪个地区的哪首民歌来举办民歌音乐会？

（2）指引：教师提供一些民歌作为选择，并带领学生感受不同地区民歌的差异性。

（3）分享：邀请学生分享自己的感受。

（4）构思：小组合作，讨论选定的音乐作品，以及讨论合适的音乐表演形式。

2. 前测与问题收集

（1）提问：要开展一场民歌音乐会你需要学习哪些知识？你需要做哪些准备？

（2）讨论：个体思考、小组交流，全班生成单元学习计划，形成问题墙。

【设计说明】

单元学习伊始，学生就明确了任务：要举办一场民歌音乐会。每位学生都需探究民歌起源，并通过精心准备的音乐表演传递情感，展现歌曲承载的民族精神。

"音乐会"一词引起了学生的表演欲望，大家纷纷表达自己以往在音乐实践中的感受。学生通过聆听选取自己最感兴趣的音乐作品，尝试用自己的方式探究音乐背后的文化背景，探索民歌背后的故事。但是如何将民歌中的各个音乐要素正确地诠释，从而让听众感受到不同区域民歌各有特点，这对于学生来说是一个巨大挑战。要用什么样的音乐要素去诠释这首作品才能将民歌作品"原汁原味"地表演出来？在演唱的基础上，还需要加入哪些元素？这些困惑驱使学生进行探究学习。

子任务一：民歌交流会

【学习目标】

子观念：不同的生活方式、语言语调造就了不同风格的民歌。

新知识：

（1）了解民歌的特点与类别。

（2）了解不同地域民歌不同的音乐风格。

新能力：能欣赏民歌的音乐风格，演唱民歌。

【探究问题】

（1）什么是民歌？

（2）不同地区民歌有哪些特点？民歌的音乐风格与当地风土人情有何联系？

【学习活动】

活动一：寻找民歌的痕迹

借助学习任务单（表10-2），记录并学唱一首喜欢的民歌。

表10-2 "寻找民歌的痕迹"学习任务单

任务单项目	任务单内容
1. 看纪录片，了解民歌知识	1. 民歌的定义 2. 民歌的分类
2. 听民歌，选择你最感兴趣的一首民歌学唱	1. 你选择的民歌是什么？ 2. 它是来自哪里的民歌？ 3. 在学唱过程中你觉得这首歌曲哪里最特别？（可以记录曲谱，也可以记录学唱过程中的感受）

活动二：体验民歌的韵味

创设情境：民歌旅行团来到台湾、重庆、延边、新疆、四川、云南等地，教师通过提供音视频、范唱等方式，引导学生体验当地民歌韵味，了解当地风土人情。

（1）聆听教材上的民歌，感受音乐特点。

（2）了解民歌分类，将教材上的民歌按照音乐特点归类。

（3）感受民歌韵味及该民歌所属地区的风土人情，理解民歌韵味与当地风土人情之间的相关性。

（4）学唱民歌，在实践中体验歌曲韵味。

活动三：举行民歌交流会

（1）小组分享已收集的与民歌相关的信息。

（2）小组组织讨论，判断已收集的歌曲是否属于民歌范畴，进一步加深对民歌的理解。

（3）画廊漫步，小组交流讨论。

（4）根据其他人的建议重新梳理自己的学习任务单，小组合作完成民歌探究单（表10-3）。

表10-3　民歌探究单

你选择的民歌名称：_____

所属民歌类别	创作背景	地理文化内涵	演唱技巧

活动四：讨论

怎样才能更好地呈现作品独特的民歌风格？

【设计说明】

子任务一中，师生共同感受了多样的中国民族音乐，听赏了多彩的民歌作品。在学习过程中，学生通过完成学习任务单，了解民歌的分类，体会不同地区民歌的不同风格。在学唱实践中，探究民歌的起源，感受不同地区民歌音乐风格的差异，为后续音乐会做好铺垫。

子任务二：音乐会排练

【学习目标】

子观念：民歌以各具特色的艺术风格，传达出深厚的文化内涵。

新知识：知道表现民歌需抓住民歌不同的特点。

新能力：制定计划，有效管理时间、情绪等，通过小组合作，最终完成民歌音乐会的表演。

【探究问题】

如何表现不同地区民歌的风格特点？

【学习活动】

活动一：讨论

（1）思考：你在表演过程中最擅长做什么？完成表演可能会遇到什么困难？需要哪方面的帮助？如何完成民歌音乐会的表演？填写思维可视化工具NEWS表（表10-4）

（2）利用自己的思维可视化工具NEWS表（表10-4）在班里寻找合适自己的队友组队。

表10-4　思维可视化工具NEWS表

E（你擅长什么？）	W（要完成这首歌曲的演绎，你觉得哪里很困难？）	N（你需哪方面的帮助？）	S（下一步你打算怎么做？）

活动二：制订方案

（1）根据分组，讨论音乐会节目内容和形式。

（2）全班讨论音乐会流程，推选音乐会主持人。

（3）制作音乐会节目单及宣传海报。

活动三：按照任务分工练习

在先前小组基础上，按照分工将各组划分为介绍组［准备作品介绍单（表10-5）介绍音乐作品］、歌唱组、表演组、器乐组和后勤组（准备道具、舞美和多媒体设备），按照任务分工分头练习。

表10-5　音乐作品介绍单

作品简介（民歌名称）	所属分类	文化背景		艺术特点	
分工介绍	介绍组	演唱组	演奏组	舞蹈表演组	后勤组（兼职）

活动四：小组排练

按照小组分工完善民歌音乐会的作品表演。

活动五：联排

依据民歌音乐会节目单顺序进行联排，每个小组成员明确分工，自信表演，记录在联排过程中出现的问题，并及时加以改进。

【设计说明】

音乐的实践需要大量磨合和练习。教师利用 NEWS 工具引导学生寻找最适合自己的合作对象，学生利用民歌介绍单介绍自己在民歌音乐会中表演的音乐作品，在排练过程中不断增强对该音乐作品的理解和感悟，加深对民歌来源的理解，增强学生对音乐风格的感悟。至此，学生能够通过音乐实践一步步实现对"民歌以各具特色的艺术风格传达出深厚的文化内涵"这一概念的理解。

子任务三：民歌音乐会

【学习目标】

子观念：弘扬中国音乐文化，传唱民歌是我们的使命。

新知识：知道表现民歌需抓住民歌不同的特点。

新能力：在小组合作中互相尊重与体谅，进行民主协商，通过协作解决任务，并借助丰富的工具和形式，完成音乐会的表演和交流。

【探究问题】

（1）如何表现不同地区民歌的风格特点？

（2）学习民歌有哪些意义？

【学习活动】

活动一：前期准备

（1）学生准备表演需要的服装、舞美、道具、节目单等物品。

（2）按照音乐会主题进行舞台布景、观众区域引导标语、落座提醒。

（3）提前确保多媒体等设备能正常使用。

（4）主持人及演员按照演出顺序走台。

活动二：民歌音乐会开演

（1）作为演员，按出场顺序安静有序进行表演，并根据民歌音乐会评价量规（表10-6）对自己小组的表演进行评价与记录。

（2）作为观众，安静文明观看演出，并根据民歌音乐会评价量规（表10-6）对其他小组的闪光点进行记录。

表 10-6　民歌音乐会评价量规

超出成功标准	满足成功标准	接近成功标准	远未达到成功标准
除成功标准中所列出的基本要求外，还包括： 在体现民歌风格的基础上对歌曲进行至少 1 处的创编	1. 简单介绍民歌所属分类、地区及音乐特点 2. 小组成员分工明确，各司其职 3. 准确运用音乐要素进行音乐实践，体现民歌风格 4. 能运用综合艺术进行创编和表演，做到表情自然	满足成功标准所列出的其中三项基本要求	未满足成功标准所列出的其中三项基本要求

活动三：总结反思

（1）利用 4C 表（表 10-7），描述自己在观看表演过程中，观察到了什么、想到了什么，还有什么疑问。

（2）利用"过去我是怎么做的……现在我认为我还能怎么做……"工具（表 10-8），反思自己在民歌音乐会准备及演出过程中的表现。

表 10-7　思维可视化工具 4C 表

联系 （通过观看他人的表演联系自己的表演，谈感受）	质疑 （你还有什么疑惑？）	观点 （如何将民歌的艺术特色用适切的方式演绎出来？）	变化 （过去我认为…… 现在我认为……）

表 10-8　思维可视化工具反思表

过去我是怎么做的……	现在我还能怎么做……

【设计说明】

如何让学生像音乐家一样理解音乐、表达音乐？对音乐家来说，与观众产生共鸣是最大的成功。单元学习的最后，我们举行的"民族音乐会"能给学生提供一个展示的平台，让他们在分享自己感受的同时深化对民歌起源的理解和体悟，感受多样的中国民歌。

在音乐会中学生的身份在演员与观众间进行切换，从分享者到学习者切换，每名学生都能够将自己的理解学以致用，达到知行合一的程度。在此基础上，借助 4C 表进行总结、思考，为最终的总结反思做铺垫。

汇编成果

【学习要点】

整理汇编音乐作品集。

【学习活动】

1. 小组讨论，根据主题设计音乐会作品集

（1）分组讨论：小组成员分享自己对主题的理解，并讨论如何通过设计表达主题。

（2）头脑风暴：集体讨论设计作品集和歌曲的挑选（包括地区、乐器等）。

（3）绘制草图：根据讨论结果，各小组开始绘制封面和目录的草图，以手绘或者手工贴纸的形式。

（4）初步设计：小组成员分工协作，完成音乐会作品集的初步设计。

（5）修改与完善：小组成员检查设计是否符合主题，是否具有创意和美观，对设计进行修改和完善。

2. 整理汇编，形成音乐会作品集

（1）音乐收集整理：引导学生对作品按照地区、语言等维度进行分类。

（2）作品集排版：学生对节目进行初步排版，如表演形式设计、舞蹈动作、乐器演奏。

（3）校对制作：在作品集完成初稿后，进行全面校对审核，可以将作品集制作成纸质版和电子版。

【设计说明】

制作作品集能够让学生看到自己的作品被选入音乐会曲目中，增强成就感和自信心。团队合作和练习演绎的过程能够培养学生的协作精神和表现能力，提高音乐实践能力。

五、教学反思

教前反思

1. 基于教学目标的反思

本单元的学习聚焦民歌音乐会主题，其核心目标在于引领学生"感受风

格各异的民歌，热爱中国音乐文化，坚定文化自信，并能传唱民歌"。在以往的学习生活中，学生能够唱游活动中演唱部分地区民歌，能够用奥尔夫乐器、体态律动等方式来表现音乐。本单元将重点培养学生对中国不同地区民歌特点的感知能力，鼓励学生创新表演形式，加深他们对民歌的内涵的理解。通过本单元的学习，学生将了解中国各地区音乐的差异性，体会民族文化的多样性，在音乐学习中增强民族自信，成为民族文化的传承者和发扬者。

2. 基于学情的反思

三年级学生通过前期的学习，已经掌握基本的音乐知识，积累一些学习经验和方法，具备基本的歌唱技能。该年龄段学生模仿力极强，喜欢律动体验，但在创编能力、合作意识等方面还需加强。本单元通过举办民歌音乐会的形式，旨在帮助学生建立自信心，激发创作兴趣，提高学习效果。

中期反思

在深入探究民歌作品过程中，我们发现在学习初期，学生多聚焦于歌词本身。通过同伴分享与教师引导，学生逐渐调整欣赏视角。我们期待通过本单元的持续引导，帮助学生深入理解民歌作品的深层内涵。

教后反思

1. 我们的教学策略在多大程度上帮助学生理解？

我们致力于为学生创设一个具有真实情境的学习环境，并以此为任务驱动，鼓励学生积极参与。

随后的探究学习，旨在帮助他们解决在完成音乐会任务过程中遇到的困难。教师化身"策划者""引导者"和"支持者"，通过文化浸润和资源整合，将困难转化为学生成长的契机，让民歌音乐会成为传承文化、凝聚班级的鲜活课堂。

在中国民歌音乐会的前期准备中，我们组织了一场民歌交流会，通过画廊漫步、小组交流讨论等方式，简单介绍民歌所属分类、地区及音乐特点，梳理自己的学习任务单，小组合作完成民歌探究单。这些准备不仅有助于学生梳理思路，还能促进他们形成更系统和深入的分析能力。

学生通过合作学习，在民歌音乐会中担任不同角色，如道具组、舞蹈组、歌唱组等。教师作为引导者，面对比较内向的学生，给予更多的关注和鼓励，引导他们积极发言、参与音乐会。

2.哪些主要证据证明学生发展了对"KUD"的理解？

第一，学生通过一个月的学习，最终举办了中国民歌音乐会。对大观念的理解是通过完成每个子任务完成后，逐步建构起来的，我们选择了在这个过程中最重要的民歌音乐会作为总结性评估。学生对民歌作品的演绎是对概念性理解在行动上的诠释，直接证明了学生对"KUD"的理解。

第二，元认知的评估在整个学习的全过程中起着至关重要的作用。特别是利用4C表中的"变化"部分，以"过去我是怎么做的……现在我认为我还能怎么做……"，这样的句式来引导学生反思自己在民歌音乐会准备及演出过程中的表现，这种自我反思的方式能够直观地展示学生对概念构建的过程，从而证明他们对"KUD"的理解是如何逐步深化的。

第三，无论是在音乐会前的准备交流、同学间的合作反馈，还是民歌作品音乐特点的总结归纳等学习活动中，形成性评估都能够对学生的学习情况进行及时记录和反馈。这些记录不仅能反映学生对"KUD"的理解程度，还能呈现他们在学习过程中所取得的进步。

第十一章

体育：彩带龙舞——
传统与创新的融合

单元主题：彩带龙舞。

单元内容：人教版体育与健康教材（水平二）体操、韵律活动。

单元大观念："彩带龙舞"的学习可以感受到传统与创新的融合，也可
以提高身体运动能力和对传统文化的认知。

单元大任务：举办"彩带龙舞"文化节。

设计者：丘文鸿、郝杏华、黄林霞、吴金霖。

一、单元内容分析

"彩带龙舞"运动是一种融合传统文化与现代体育精神的特色活动;"龙"承载着民族精神、集体智慧与天人合一的哲学观。彩带龙舞通过具象化的艺术演绎,将龙的腾跃之姿与彩带的飘逸之美相结合,形成动态的文化图腾。"彩带龙舞"作为民间社火文化的创新形态,通过彩带媒介突破空间限制,标准化动作编排与音乐配器,将祈福纳吉的仪式功能转化为日常美育载体,构建"可移动的民俗博物馆"。

在全球化环境下,通过具身实践强化民族文化认知,直观体现"多元一体"的共同体意识。相较于标准化球类运动,"彩带龙舞"独特的"刚柔相济"特性,实现力量训练与艺术表现的平衡,符合"一校一品"政策导向。通过"眼随彩带走,手携龙身游"的复合动作,同步提升空间感知(彩带轨迹预判)、本体感觉(关节联动控制)、节奏协调(音乐配合)三重身体智能。彩带轨迹形成的瞬时空间艺术(如螺旋升腾/波浪起伏),在运动中建构动态美学认知,培养"力与美"的辩证审美观。

二、单元整体设计思路

"彩带龙舞"单元归属于"体操、韵律活动"任务群,其核心目标是通过"彩带龙舞"这一传统体育活动,提升学生的身体运动能力、节奏感、协调性,同时增强对传统文化的认知与理解。单元设计围绕"传统与创新的融合"这一大观念展开,旨在让学生在学习"彩带龙舞"的过程中,感受传统文化的魅力,培养艺术表现力和创造力。

本单元的大任务是举办"彩带龙舞"文化节。为此,单元教学采用"探究一发现一运用"的教学策略。学生首先通过视频观赏和文化探究,了解"彩带龙舞"的起源、发展及其文化内涵,激发对这一传统体育项目的兴趣。接着,在教师的指导下,学生学习"彩带龙舞"的基本动作,掌握动作要领,并通过反复练习,提升动作的规范性和表现力。在此基础上,学生将发挥创新思维,自主创编"彩带龙舞"套路,并在文化节上进行展示和表演。

"彩带龙舞"大单元·大观念教学导图如图 11-1 所示。

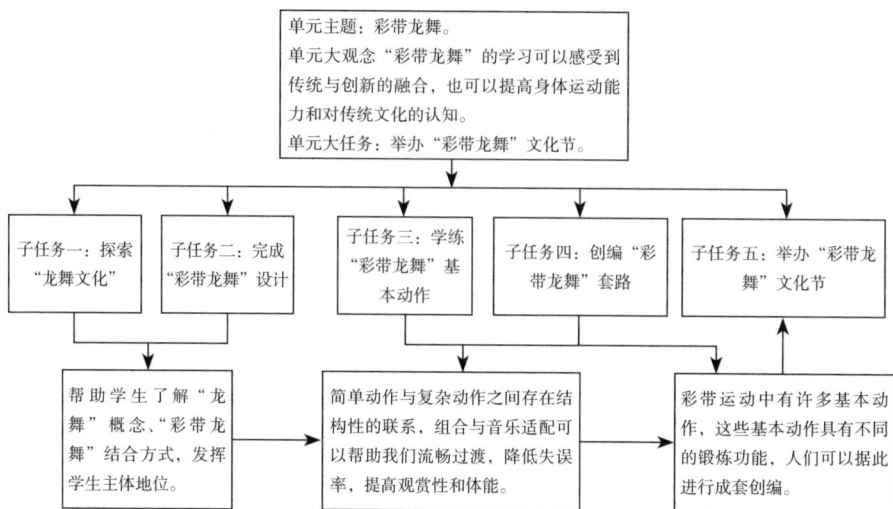

图 11-1 "彩带龙舞"单元教学导图

三、单元整体教学设计（表 11-1）

表 11-1 单元整体教学设计

（一）单元基本信息			
单元主题	主题名称	三大维度	六大领域
	"彩带龙舞"	自我维度	我如何表达自己
教材内容	涉及教材内容	人教版体育与健康教材（水平二）体操、韵律活动	
	对应的课程标准	做出所学体操类运动的基本动作和简单组合动作，并把技能运用到游戏与展示中，敢于在同伴前表现出克服困难的勇气	
学科概念	跨学科概念：发展、交流、关系		
	学科概念：动作、互动、活力、选择、自我表达		
探究问题	探究线索	引导性问题	
	线索 1	"龙舞"文化的起源是什么？"龙舞"文化和彩带有什么关系？舞龙、彩带在哪些体育项目的学习中出现过？什么动作能让彩带舞起来？	
	线索 2	如何探究"龙舞"文化？相同的彩带龙舞基本动作在不同的速度中是否有差异？如何结合音乐，去练"彩带龙舞"复杂技术动作？	

探究问题	概念性问题： 1. "彩带龙舞"是怎么从传统演变而来的？ 2. 如何用"彩带龙舞"动作更好地表达自己的心情？ 3. 怎样创新"彩带龙舞"动作使其更有趣？
	辩论性问题： 1. "彩带龙舞"是否更能体现传统体育文化的健康发展，并体现其价值？ 2. "彩带龙舞"融入现代元素是否背离传统体育精神？

（二）单元学习目标

大观念【U】	新知识【K】	新能力【D】
"彩带龙舞"的学习既可以感受传统与创新的融合，也可以提高身体运动能力和对传统文化的认知	1. 知道"彩带龙舞"的基本特点和来源 2. 了解一些简单的"彩带龙舞"动作名称 3. 理解"彩带龙舞"是传统与创新结合的体现 4. 理解通过身体运动可以表达情感和展现活力	1. 具备完成简单"彩带龙舞"动作的能力 2. 具备初步的节奏感和身体协调配合能力 3. 能借助多种工具开展线上线下探究学习 4. 能在小组学习中表达观点并良好沟通

（三）单元学习评价证据

	目标	角色	受众	情境	作品
表现性评价任务	通过各小组互相测评来进行他评。在小组展示的过程中，我们将看到学生的概念性理解的迁移，在展示并评价他组的活动中，我们将再次听到他们对大观念的理解	"彩带龙舞"运动员	群众	举办"彩带龙舞"主题文化节，让各小组对创编的龙舞套路进行展示以及讲解说明	个性"彩带龙舞"套路

学习引导语：
"彩带龙舞"是灵动飞扬的艺术，是传统文化与活力激情的完美融合。同学们，端午节即将到来，我们班特意举办一场精彩纷呈的"彩带龙舞"文化节，为大家打造一个尽情释放活力与展现技艺的舞台

	"彩带龙舞"表演赛评价量规			
表现性任务评价量规	超出成功标准	满足成功标准	接近成功标准	远未达到成功标准
	除成功标准中所列出的基本要求外，还包括： 1. 能够通过面部表情、肢体动作表达情感 2. 能够表达对传统文化的认识和研究	1. 整套"彩带舞龙"动作协调流畅 2. 音乐节奏把控到位 3. 能够说出具体的动作名称	满足成功标准所列出的其中两项基本要求	未满足成功标准所列出的其中一项基本要求

	SOLO 检查表		
其他评估证据	**SOLO 层次**		**主要表现**	**本单元学习中的案例**
	前结构水平		对某一项运动技术完全处于陌生状态，实践时无从下手，毫无头绪	
	浅表性了解水平	单点结构	理解概念或主题的某一方面	学会"彩带龙舞"中右手上举的单个技术动作
		多点结构	理解概念或主题的几个方面，但是知识没有被结构化，处于离散状态，不能指向概念性理解	学会"彩带龙舞"中的复杂技术动作，如下面下 8 字画圆、左侧上步左右侧画圆等
	概念性理解水平	关联结构	能够把多方面的知识、概念结构化，找到项目之间的联系	在和同伴的配合中，理解并运用多个单项技术动作，最终完成"彩带龙舞"固定套路
		拓展抽象结构	形成了概念性理解，能够迁移，勇于解决新情境下的问题	在和同伴的配合中，理解并运用多个单项技术动作，最终完成"彩带龙舞"创编套路，并且将学习的知识技能创造性地迁移到其他运动项目中

（四）单元学习探究设计

	任务名称	学科概念	子观念	课时
结构化子任务	子任务一：探索"龙舞文化"	适应、平衡、选择	"彩带龙舞"是传统与创新结合的体现	2
	子任务二：完成"彩带龙舞"设计	活力、观点、完善	"彩带龙舞"是丰满、立体、生动的，表达人们对美好生活的向往	2
	子任务三：学练"彩带龙舞"基本动作	功能、互动、动作	通过身体运动可以表达情感和展现活力	3
	子任务四：创编"彩带龙舞"套路	选择、互动、动作、完善	"彩带龙舞"中有很多相似的动作套路，可根据此进行新的创编	2
	子任务五：举办"彩带龙舞"文化节	活力、环境、空间、系统	感受传统与创新的融合，提高身体运动的能力和传统文化的认识	1

四、探究活动设计

发布单元任务与前测

【**学习要点**】激趣、发布任务、进行前测、制订计划、基础积累。

【学习活动】

活动一：激趣——走进"彩带龙舞"

导入：播放一段经典的"彩带龙舞"表演视频。

提问："你们知道'彩带龙舞'的起源吗？你们觉得'彩带龙舞'有哪些特点？"

分享：鼓励学生分享自己对"彩带龙舞"的初步印象和感受。

活动二：发布任务

明确任务：教师向学生解释"彩带龙舞表演会"的概念，学生将通过学习和练习，编排并展示"彩带龙舞"表演。

目标设定：明确单元大任务——"彩带龙舞"文化节，并解释任务的具体要求和评价标准。

分组准备：将全班分成若干小组，每组 4~5 人。

活动三：进行前测，生成计划

前测：教师提问，"你们对'彩带龙舞'有哪些了解？你们认为学习'彩带龙舞'会遇到哪些困难？"

思考：学生思考并回答教师提出的问题，明确自己在学习"彩带龙舞"中可能遇到的难点，整理成问题清单。

讨论：在小组内分享自己的问题和困惑，相互讨论并尝试提出解决方案，生成单元学习计划，形成问题墙。

活动四：基础积累

（1）参加"彩带龙舞"表演赛有哪些步骤需要小组去解决的？需要哪些知识？

（2）个体思考、小组交流，生成单元学习计划，完成音乐和动作相结合的匹配。

【设计说明】

在"彩带龙舞"的设计之初，学生们便清晰地了解他们的目标：创作一段全新的"彩带龙舞"表演，举办"彩带龙舞"文化节，并最终编纂一本"彩带龙舞"的表演集。每名学生都需投入创作，倾注情感，通过创新舞动的彩带传递故事中人物的真善美品质。

"创新"二字激发了学生们无限的想象，他们纷纷回忆起曾经观看过的精彩龙舞表演，情感被充分调动。学生们自由选择自己最感兴趣的主题，尝试运用以往的经验，构思创新的舞步和彩带运用方式，绘制出"彩带龙舞"的创新设计图或思维导图。然而，"创新"也给学生们带来了挑战：他们需要思考传统"彩带龙舞"的精髓是什么？如何在保留传统的基础上融入创新元素？如何使舞步和彩带的运用更加奇妙有趣？如何通过舞动表达人物形象的真善美？这些困惑正是我们所追求的大观念，即如何通过创新与创意，传递真善美。师生共同确定成功的标准和需要掌握的技能，从而规划整个学习和创作过程。

子任务一：探索"龙舞"文化

【学习目标】

子观念："彩带龙舞"是传统与创新结合的体现。

新知识：

（1）知道"彩带龙舞"的基本特点和来源

（2）了解一些"彩带龙舞"的动作名称。

新能力：能借助多种工具及线上线下资源开展探究学习。

【探究问题】

"彩带龙舞"与传统文化的关系是什么？

【学习活动】

活动一：激趣——运动表象积累

"彩带龙舞"表演，是一种充满传统色彩和文化韵味的活动，它不仅展现了舞者们精湛的技艺，同时也传递了中华民族悠久的历史文化。"彩带龙舞"以其独特的魅力和动感的节奏，吸引了无数观众的目光，成为节庆活动中不可或缺的一部分。

活动二：了解"彩带龙舞"的组成部分

应该如何精心构思和塑造一个既丰满又立体、生动的"彩带龙舞"形象，以此来充分表达和传递特定的文化精神？为了达到这一目标，作者需要运用一系列的思维工具，将"彩带龙舞"的结构分为三个主要部分：首部、身躯和尾部。通过细致地构建三个部分，作者能够创作出一个既具有文化内涵又形象鲜明的"彩带龙舞"。

活动二：固定套路和自创套路与迁移运用

学生根据广播操学习经验，进行音乐和动作的结合。

（1）学生运用以往学习"彩带龙舞"的技巧和步骤，自主探索和学习其他传统体操，如健美操、啦啦操。

（2）在学习过程中，重点关注舞蹈中动作的流畅性和节奏感，以及它们如何增强整体的表现力。

（3）学生根据自己的学习心得，调整和优化之前为这两种设计的动作序列或表演计划。

（4）保证序列或计划能够准确地传达的主题和情感，同时展现出"彩带龙舞"技巧在其中的迁移运用。

【设计说明】

在"彩带龙舞"的学习过程中，学生最初可能更关注动作的模仿和练习。通过教师的引导和团队合作，学生逐渐意识到"彩带龙舞"的艺术表现力和文化内涵。这一过程帮助学生更全面地理解和欣赏"彩带龙舞"的深层次意义。

子任务二：完成"彩带龙舞"设计

【学习目标】

子观念："彩带龙舞"是丰满、立体的、生动的，表达了人们对美好生活的向往。

新知识：理解"彩带龙舞"是传统与创新结合的体现。

新能力：能在小组讨论中表达观点并与组员良好沟通。

【探究问题】

"彩带龙舞"的彩带材质有哪些？由哪几部分构成？

【学习活动】

活动一：探究"彩带龙舞"材质

在课堂上，我们有机会近距离观察并亲手触摸老师所带来的彩带。通过仔细观察和细致抚摸，我们能够对每一条"彩带龙舞"的材质进行判断。在此基础上，我们还需要进一步描述这些材质的特性，包括它们的质地、颜色、柔韧度以及可能的制作工艺等（表11-2）。通过这样的实践活动，我们不仅能够加深对不同材质的认识，还能够提高我们的观察能力和描述能力。

表11-2　思维可视化工具引导性探索表

探究线索	引导性问题
线索1	龙舞文化的起源是什么？龙舞文化和彩带有什么关系？舞龙、彩带在哪些体育项目的学习中出现过？什么动作能让彩带龙舞起来？
线索2	如何探究龙舞文化？相同的"彩带龙舞"基本动作在不同的速度中是否有差异？如何结合音乐，去练"彩带龙舞"复杂技术动作？

活动二：了解"彩带龙舞"组成部分

在思考如何塑造一个丰满、立体、生动的彩带龙舞以表达文化精神时，我们可以深入分析作者所采用的创作手法和思维工具（表11-3）。首先，作者巧妙地将"彩带龙舞"分为三个主要部分：首、身、尾，这样的结构安排不仅有助于观众更好地理解和欣赏舞龙的每一个动作，而且使整个舞蹈更加具有层次感和动态美。通过精心设计的首部，作者赋予"彩带龙舞"鲜明的个性和文化象征意义，使其成为整个舞蹈的灵魂所在。身部则通过一系列流畅而有力的动作，展现了"彩带龙舞"的活力与力量，让观众感受到舞龙的动感和节奏。而尾部的设计则巧妙地为整个舞蹈画上了一个圆满的句号，既是对前面舞蹈的总结，也是对文化精神的进一步升华。利用这些思维工具，作者成功地将"彩带龙舞"塑造成了一个能够传递深厚文化内涵的艺术形象。

表11-3　思维可视化工具理解"六侧面"

理解"六侧面"						
评估证据	解释	阐明	应用	洞察	移情	自知
子任务一：探索"龙舞文化"	√	√		√		
子任务二：完成龙舞彩带设计			√		√	
子任务三：学练"彩带龙舞"基本动作			√			√
子任务四：创编"彩带龙舞"套路			√	√	√	√
知行合一：举办"彩带龙舞"文化节	√	√	√	√	√	√

活动三：画出个性化"彩带龙舞"

想要通过"彩带龙舞"表达什么？利用工具为"彩带龙舞"上色。

【设计说明】

在设计"彩带龙舞"的过程中，我们首先思考如何塑造一个充满活力、色彩斑斓、生动的彩带龙形象来传达节日的喜庆与欢乐。借助设计草图这一创意工具，设计师引导团队为龙舞彩带绘制草图，随后我们采用 1+N 的方式（即深入设计一个核心元素，余下的 N 个元素用同样的方法自主设计），团队成员利用设计草图工具为本场表演中他们偏爱的彩带龙元素进行详细设计，从中获得创新编排的灵感。通过色彩、动作的对比设计来塑造彩带龙的形象，传达节日的喜庆与欢乐，并完善原有的表演流程图。至此，团队生成了"彩带龙舞中的形象是充满活力、色彩斑斓的、生动的，表达了人们对节日欢乐的追求"这一概念性的理解。

子任务三：学练"彩带龙舞"基本动作

【学习目标】

子观念：通过身体运动可以表达情感和展现活力。

新知识：了解"彩带龙舞"的动作名称。

新能力：会根据应用情景，思考动作的功能，确定动作的标准，并在动作之间建立联系，能在小组学习中发表自己的观点并和组员进行良好沟通。

【探究问题】

"彩带龙舞"有哪些简单的技术动作？

【学习活动】

活动一：学练简单的彩带龙舞动作（一）

【伴奏】（上举、右上举、左上举、右平举、左平举、右转圈 + 放绳）

（右手持绳）

我走过

玉门关外祁连山上飘的雪　　　　　（正面左右侧画圆）

也走过

长城边上潇潇吹过来的风　　　　　（左侧上步左右侧画圆）

山河边

英雄遁入林间化成一场雨　　　　　（正面前侧画圆）

天地间　一柄剑　划破了青天　　（正面下上 8 字画圆）

（左手持绳）

我走过

漠北万丈孤烟长河落日圆　　（正面左右侧画圆）

谁听说

羌管胡琴悠悠唱不完的歌　　（右侧上步左右侧画圆）

知己曰

自古英雄豪杰当以仁为先　　（正面前侧画圆）

天地间　江湖远　途经多少年　　（正面下上 8 字画圆）

活动二：学练简单的"彩带龙舞"动作（二）

若你说江湖是一道魂　　（左手持绳 + 左右侧画圆）

天边的云开了一扇门　　（双手短握绳右转圈画圆）

若你说江湖是一条河　　（右手持绳 + 左右侧画圆）

千年的眼望也望不穿　　（双手短握绳左转圈画圆）

【伴奏】

第一遍：

（右甩 + 正面左右侧画圆 + 左侧下蹲 + 正面短握绳右画圆 + 右侧身体侧单手画圆 + 正面大圆接小圆）

（左甩 + 正面左右侧画圆 + 右侧下蹲 + 正面短握绳左画圆 + 左侧身体侧单手画圆 + 正面大圆接小圆）

第二遍：（和上面一样）

结尾：（左转身 + 左虚步右上举彩带龙）（表 11-4）

表 11-4　学习评价表

熟练掌握（85 ～ 100 分）	较好掌握（70 ～ 84 分）	基本掌握（60 ～ 69 分）
行进间龙舞动作协调、准确，舞龙动作标准，连贯且跟上音乐节奏踩点	行进间龙舞动作协调、准确，连贯且跟上音乐节奏踩点，失误次数不多于 5 个	行进间龙舞动作基本协调、准确，连贯且跟上音乐节奏踩点，失误次数不多于 10 个

收到评价后，学生认真观摩其他小组动作，并在小组内分享自己的感受和收获。同时，针对评价中提出的建议，讨论如何进一步提高自己的动作标准。

【设计说明】

在学生准备学习"彩带龙舞"动作之前，教师引导学生思考：为什么要学习这个舞蹈，如何才能使这个舞蹈动作更加流畅、更能吸引观众？学生寻找舞蹈单元中吸引自己的地方，从动作设计、观众感受、表演目的等方面深入分析自己被吸引的原因，形成动作分析思路，实现从感性到理性的升华，形成方法论指导"彩带龙舞"动作的学习。

根据评价量规，用"彩带舞"方式相互练习动作。在小组内彼此分享动作和学习过程，交流心得和收获，并根据同伴的反馈和讨论结果，进一步完善动作技巧。

子任务四：创编"彩带龙舞"套路

【学习目标】

子观念："彩带龙舞"中有很多相似的动作套路和功能，可以据此进行新套路的创编。

新知识：理解通过身体运动可以表达情感和展现活力。

新能力：能快速提取信息，将复杂技术动作拆分成已学过的单个动作，会将单个动作根据音乐韵律建立联系，组合新的套路。

【探究问题】

如何用"彩带龙舞"动作更好表达自己的心情？

【学习活动】

活动一：回顾本单元学习过程

（1）教师播放单元学习活动视频、照片，师生一同回顾学习过程。

（2）学生分享单元学习过程中的感受。

活动二：商定小组套路音乐

"彩带龙舞"单元学习，商定小组音乐流程。

（1）筹备环节：将"彩带龙舞"的历史文化以展览形式布置，营造浓厚的传统文化氛围。

学生角色：每位学生既是学习者也是策划者、表演者，通过不同角色体验，加深对"彩带龙舞"文化的理解和传承。

（2）每名学生根据音乐选择评价量规（表 11-5）轮流分享自己的音乐选择理由，阐述为何认为该音乐适合"彩带龙舞"的表演，以及音乐与舞蹈动作如何相互映衬。

互动交流：听众需细心聆听，并可提出自己的见解或建议，形成活跃的艺术探讨氛围。

（3）教师适时指导，鼓励学生之间创意交流和音乐理解的深度对话，共同商定最适合"彩带龙舞"表演的小组音乐。

表 11-5　音乐选择评价量规

等级	A	B	C
评分标准	80～100 分	70～79 分	60～69 分

【设计说明】

汇编表演集能够让学生看到自己的表演被收录在视频中，增强成就感和自信心。团队合作和编辑整理过程能够培养学生的协作精神和编辑能力，提升体育实践能力。

子任务五："彩带龙舞"文化节

【学习目标】

子观念：感觉传统与创新的融合，提高身体运动能力和传统文化的认识。

新知识：理解"彩带龙舞"是传统与创新结合的体现。

新能力：能在小组学习中表达观点并良好沟通。

【探究问题】

如何用"彩带龙舞"表达自己的心情。

活动一："彩带龙舞"文化节

（1）会场布置：以"彩带龙舞文化节"为主题，将彩带和龙舞元素融入会场装饰，通过灯光和音乐营造出神秘而又喜庆的氛围。每名学生既是观众也是故事的创作者和表演者，通过亲身体验，更深入地理解"彩带龙舞"的文化内涵。

（2）学生们依次上台，根据事先准备的音乐，展示自己编排的"彩带龙舞"套路，并分享创作的灵感来源、编排过程以及参与表演的感受。观众需专注观看，并在表演结束后提出建设性的意见或分享自己的感受，促进表演者与观众之间的互动和沟通。教师在旁适时给予点评和鼓励，激发学生之间的创意交流和深入探讨。

活动二：教师和其他小组对表演的小组进行评分

（1）学生填写 4C 表（表 11–6），反思自己在整个活动过程中的表现，包括思维过程、创意亮点、沟通技巧和团队合作等方面。

表 11–6 思维可视化工具 4C 表

联系 （通过观看其他小组的成套动作，谈感受）	质疑 （你还有什么疑惑？）	观点 （如何新编动作？）	变化 （过去我认为…… 现在我认为……）

（2）小组成员间分享 4C 表，彼此进行评价与学习，共同促进提升。

（3）教师对本次活动的亮点与不足进行总结，强调通过实践套路深化对"彩带龙舞"的理解，并促进创造力的培养。

评价激励：教师对学生的表现给予正面评价，肯定他们的努力与成果。同时，可设立奖项以表彰优秀作品及积极参与的学生，从而激发他们的学习热情与创造力。

【设计说明】

在"彩带龙舞"文化节表演赛的教学设计中，我们旨在让学生亲身体验并掌握如何像专业舞者一样编排和演绎龙舞。龙舞不仅是一种视觉艺术，也是一种需要团队合作和创意的表演艺术。为了让学生们充分理解这一点，我们将在单元的最后举办"彩带龙舞"文化节。展示会将为学生提供一个展示他们创意和编排才能的舞台，让他们在表演中感受创作和表演的乐趣以及成就感。通过观看和参与，学生们可以在相互学习中获得新的启示和灵感，从而提升他们的编排和表演水平。

学生们将分成小组，共同商定文化节的方案，并将他们的"彩带龙舞"以展览的形式呈现给观众。每名学生将扮演观众、编舞者和表演者的角色，通过这个过程，他们将建构对龙舞编排和表演的理解，并在展示中体会"通过创新的编排，可以使传统龙舞焕发新的生命力"的概念性理解。在此过程中，学生们将借助 4C 表（即概念、联系、批判和创造）来反思和总结他们的学习体验，分享他们在观看、编排和表演龙舞过程中的感受与变化。通过这样的教学设计，我们期望学生不仅能够学习到龙舞的技巧，更能深刻理解艺术创作和表演的真正意义。

五、教学反思

教前反思

1. 基于教学目标的反思

本单元的学习聚焦于"彩带龙舞"，其核心目标在于引领学生"感受龙舞文化的博大精深，体会彩带龙舞对体质健康的影响，按自己的想法结合对龙舞文化的理解创编套路"。回顾本单元，学生初步感受"彩带龙舞"的健身性、综合性、实践性、基础性和创作乐趣，并尝试了自己创编套路、设计彩带。本单元侧重于培养学生对全新运动技能的探究能力，以及鼓励他们根据个人的创作意图来构建新事物，进而丰富和发展龙舞的内涵。通过本单元的学习，学生将学习如何根据自己的创作目的来展演"彩带龙舞"，从而在创作和展示过程中赋予"彩带龙舞"传承的意义。

2. 基于学情的反思

在"彩带龙舞"单元学习过程中，学生能够团结协作、积极学练、克服困难掌握"彩带龙舞"的基本技能。他们通过学、练、赛、评一体化，对"彩带龙舞"的演绎有清晰的概念性理解，能初步了解如正面、左右、侧画圆的练习方法。然而，当学练过程中出现技术性的动作错误、小组之间发生不可调和的意见分歧、演绎动作套路不符合核心素养发展时，学生通常需要教师的专业指导和帮助。

值得一提的是，学生在学习基本运动技能过程中已经了解常见的移动性技能、非移动性技能、操控性技能，可以作为本单元专项运动技能"彩带龙舞"的铺垫。然而，在创作方法的认知上，他们仍然处于起步阶段，需要进一步指导和练习来深化理解，如果对于民族传统体育以及新兴体育缺乏了解，特别是对龙舞文化的了解粗浅，就无法创编个性化的"彩带龙舞"。

中期反思

针对学生的疑问和学练难点，我们如何回应以支持学生的自主探究？

在学练"彩带龙舞"的基本技能动作时，学生普遍对动作的标准、发力程度、动作幅度、动作速度等不清晰，教师在初期应遵循循序渐进的教学原则，从单个基本动作学习过渡到多个基本动作组合学习，再到复杂动作学习，最后到组合复杂动作学习，这有助于学生形成对"彩带龙舞"的技能泛化，逐步加深对龙舞文化的认知和技能的掌握。

教后反思

1. 我们的教学策略在多大程度上帮助学生理解？

我们致力于为学生创设一个软硬件过硬的学习环境，并以此为任务驱动的后盾，鼓励学生积极参与。在这个过程中，教师制订学习计划，学生在学练过程中反馈问题，帮助老师调整学习方向，确保教学紧密围绕学生的核心素养和需求展开。通过引导学生进行小组探究"学练赛"，我们旨在帮助学生在掌握运动技能的过程中收获健康行为和体育品德。我们尊重学生的主体地位，把选择权和小组分配交给学生，这极大地激发了他们的内在动力。当运动技能在真实情境中得以应用并变得有意义时，学生真正实现了"在做中学"的目标，并在实践和探究的过程中形成深刻的概念性理解。

在小组合作学习方面，我们重视小组合作和师生合作。每次分组都是由学生自主选择，老师则负责同质、异质小组的设置，以及小组数量和人员数量的微调。这种有效的分组策略有助于学生在合作中相互学习、共同进步，并促进他们形成更深入的概念性理解。

2. 哪些主要证据证明学生发展了对"KUD"的理解？

一是学生通过单元学习，最终进行"龙舞"文化汇演，并命名个性化龙舞套路。大任务就是对大观念理解的可视化呈现，而大观念的理解是通过完成一个个子任务逐步建构起来的，我们选择了在这个过程中最重要的"彩带龙舞"文化节作为总结性评估。评估标准是与学生讨论后共同生成的，创新编排"彩带龙舞"是对概念性理解在行动上的诠释，直接证明学生对"KUD"的理解。

二是形成性评估是衡量学生对"KUD"理解程度的重要手段。这种评估方式贯穿于学习的任何阶段，无论是小组合作分工、探究龙舞文化，还是成套动作练习等过程性学习活动，都能够对学生的学练情况进行及时记录和反馈。这些记录同样能够反映学生对"KUD"的理解程度，以及他们在学习过程中所取得的进步。

第十二章

跨学科：广府文化，非遗拾趣——跨学科思维

单元主题：广府文化，非遗拾趣。

单元内容：非物质文化遗产探究课程。

单元大观念：广府文化非物质文化遗产不仅是地域文化的瑰宝，更是历史与智慧的结晶。通过这些珍贵的文化遗产，我们能够窥见先辈的生活哲学、审美情趣和社会价值观。

单元大任务：探索广府非遗，成为"广府非遗宣传大使"。

设计者：陈武、姚燕涣、潘越、周丹秀。

一、单元内容分析

广府文化非物质文化遗产是岭南地区珍贵的文化瑰宝，它承载着先辈们的生活哲学、审美情趣和社会价值观。这些文化遗产不仅是历史的见证，更是民族文化的重要组成部分。通过深入了解广府非遗，学生能够增强对本土文化的认同感和归属感，建立起对家乡的热爱之情，激发他们对传统文化的兴趣和热情，进而增强民族自豪感和文化自信。

此外，这个单元的学习涉及多个学科领域，学生在探究过程中需要运用查阅资料、调查采访、实际操作、艺术设计等多种方式，这有助于培养学生的跨学科思维能力和综合实践能力。学生还可以通过小组合作完成任务，锻炼团队协作能力、沟通能力和创新能力。这些能力的提升将为学生的全面发展奠定坚实基础，帮助他们在未来的学习和生活中更好地应对各种挑战。

二、单元整体设计思路

本单元属于"跨学科学习任务群"。学生在阅读、思考、实践、表达中深入体验广府非物质文化遗产的独特魅力，获得个性化的文化体验。结合"广府文化，非遗拾趣"单元主题，拟定了跨学科的单元大观念——广府文化中的非物质文化遗产不仅是地域文化的瑰宝，更是历史与智慧的结晶。通过这些珍贵的文化遗产，我们能够窥见先辈们的生活哲学、审美情趣和社会价值观。

结合大观念确定本单元的大任务为：探索广府非遗，成为"广府非遗宣传大使"。学生将在完成任务中学习新知识和掌握新能力，更好地为传承和推广广府非物质文化遗产做出贡献。

"广府文化，非遗拾趣"大单元·大观念教学导图如图 12-1 所示。

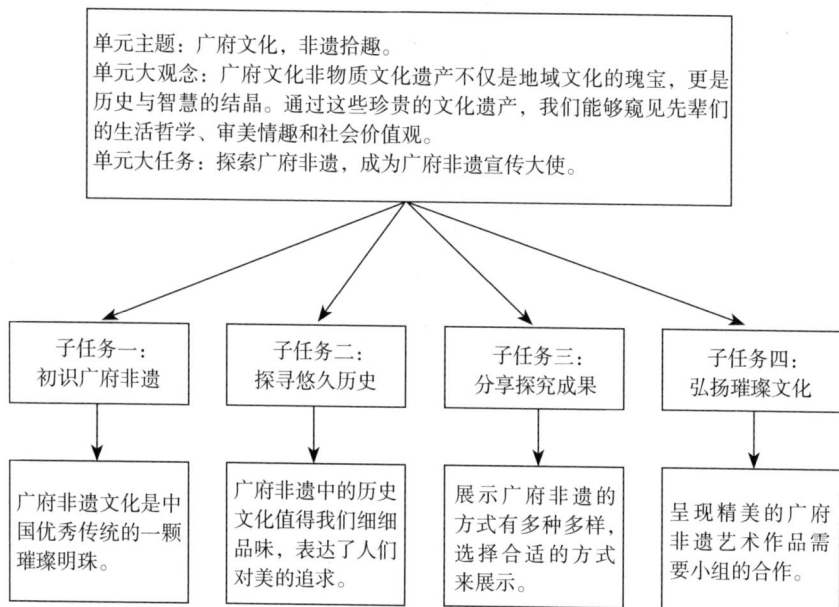

图 12-1 "广府文化，非遗拾趣" 单元教学导图

三、单元整体教学设计（表12-1）

表 12-1　单元整体教学设计

（一）单元基本信息			
单元 主题	主题名称	三大维度	六大领域
	广府文化，非遗拾趣	自我维度	我如何表达自己
教材 内容	涉及教材 内容	结合当地资源的主题活动		
	对应的 课程标准	了解非物质文化遗产；关注传统节日节气、民俗风情、民间工艺、历史和传说等；积极参加学校、社区举办的文化主题活动，在活动中学习语文，获得多样的文化体验。积极参加校园文化社团，参与学校和社区举办的戏曲、书法、篆刻、绘画、刺绣、泥塑、民乐等相关文化活动，体验、感知、传承中华优秀传统文化，运用多种形式分享自己的经验与感受。综合运用语文、道德与法治、科学、劳动等多方面的知识和技能，通过小组研讨、集体策划、设计参观考察活动方案，运用跨媒介形式分享研学成果		
学科 概念	跨学科概念：创造力、多样性、审美能力			
	学科概念：保护、文化、资源、进步			

探究问题	事实性问题： 1. 什么是非物质文化遗产？ 2. 你知道有哪些广府非物质文化遗产吗？
	概念性问题： 1. 如何拟定这个活动的评价表？ 2. 如何深入探究广府非物质文化遗产？ 3. 小组如何展示并分享探究成果效果最好？
	辩论性问题：在广府非物质文化遗产中，是否融合现代流行元素？

（二）单元学习目标

大观念【U】	新知识【K】	新能力【D】
广府文化非物质文化遗产不仅是地域文化的瑰宝，更是历史与智慧的结晶。通过这些珍贵的文化遗产，我们能够窥见先辈们的生活哲学、审美情趣和社会价值观	1. 通过查阅资料、调查采访等方式了解广府非物质文化遗产项目及其意义 2. 通过实际操作、艺术设计等方式传承广府非物质文化遗产，选取合适的方式分享并展示自己的探究成果 3. 探寻广府非物质文化遗产项目的发展历程及其中蕴含的文化内涵，初步形成文化自豪感	1. 创新能力：在传承非物质文化遗产的过程中，学生需要创造性地思考和设计，以适应现代审美和传播方式 2. 文化自信：通过宣传和推广广府非物质文化遗产，学生能够增强对文化传统的认同感和自豪感 3. 批判性思维：学会查阅资料、调查采访，在探究广府非物质文化遗产的发展历程和文化内涵时，学生需要分析和评估不同的观点和信息，形成自己的见解 4. 团队合作能力：在大观念学习活动中，学生往往需要与同伴合作，这有助于培养他们的团队精神、协作能力、动手操作和实践探究能力 5. 审美能力：在艺术设计和展示过程中，学生能够提升自己的审美鉴赏能力和创造力

（三）单元学习评价证据

	目标	角色	受众	情境	作品
表现性评价任务	增强对广府文化传统的认同感和自豪感	宣传员	听众	广府非遗展示会	探索广府非遗，成为"广府非遗宣传大使"

学习引导语：
生活在岭南地区，你是否感受到那些流传千年的非物质文化遗产所带来的独特魅力？那些古老的技艺、悠扬的曲调、色彩斑斓的民间艺术，是不是已经激发你们内心深处的探索欲望？随着校园"广府非遗宣传大使"选拔活动的临近，我们班即将开启一场意义非凡的"非遗文化传承之旅"，为大家提供一个展示自己对广府文化热爱和理解的平台！这次活动不仅是对广府非遗学习的深化，更是对文化传承意识、创造力和表达能力的挑战与锻炼。

赶快行动起来，让你的创意和才华在"广府非遗宣传大使"选拔活动中尽情展现吧！期待共同见证这场广府非遗的传承与创新，让这些珍贵的文化遗产在新时代焕发新的光彩

评价量规			
超出成功标准	满足成功标准	接近成功标准	远未达到成功标准
除成功标准中所列出的基本要求外，还包括： 1. 宣传具备独特创意、连贯、完整 2. 语言表达生动流畅，吸引观众，能解答观众的问题并积极与观众互动交流 3. 在宣传广府非遗时所展现的作品要具有创意性和新颖性	1. 对广府非物质文化遗产有深入的了解，能够准确传达其历史、特点和价值 2. 在团队中展现出良好的合作精神，能够有效地与团队成员协作，共同推进宣传工作 3. 在宣传过程中，始终保持对广府非遗以及其他文化的尊重和敏感性 4. 有效利用可用资源，包括技术、材料、人脉等，宣传效果最大化	满足成功标准所列出的其中三项基本要求	未满足成功标准所列出的其中两项基本要求

表现性任务评价量规（左侧标签）

其他评估证据：围绕表现性任务，在开展系列的学习活动过程中产生学习成果。例如，文化遗产记录卡、阅读计划、读书笔记、小练笔、小研究、习作、汇报 PPT 等

（四）单元学习探究设计

	任务名称	跨学科概念	子观念 / 单元大观念	课时
结构化子任务	发布单元任务与前测	/	/	3
	子任务一：初识广府非遗	认同	广府非遗文化是中国优秀传统文化的一颗璀璨明珠	3
	子任务二：探寻悠久历史	联系	广府非遗中的历史文化值得我们细细品味，表达了人们对美的追求	3
	子任务三：分享探究成果	审美	展示广府非遗的方式多种多样，选择合适的方式来展示	3
	子任务四：弘扬璀璨文化	交流	呈现精美的广府非遗艺术作品需要小组的合作	2
				2

四、探究活动设计

发布单元任务与前测

【学习要点】激趣、发布任务、进行前测、制订计划。

【学习活动】

活动一：激趣导入

（1）开场介绍：教师简短介绍广府非物质文化遗产的概念和重要性。

（2）展示非遗项目：通过 PPT 或视频展示广府非遗项目，如粤剧、广州珐琅、广彩、广州剪纸等。

（3）互动讨论：学生分享他们所知道的广府非遗项目，并讨论这些项目为什么吸引他们。

（4）播放广府非遗视频：播放一段关于广府非遗的纪录片或宣传片，让学生更直观地感受非遗文化的魅力。

（5）情感引导：教师引导学生表达观看视频后的感受，加深对非遗文化的情感认同。

活动二：发布任务

（1）任务介绍：教师介绍成为广府非遗宣传大使的意义和任务要求。

（2）分组讨论：学生分组讨论如何成为非遗宣传大使，可以采取哪些方式进行宣传。

（3）制订计划：每组制订一个宣传计划，包括宣传方式、目标受众、预期效果等。

（4）分享计划：各组分享他们的宣传计划，教师和其他学生提供反馈和建议。

（5）任务分配：根据计划，分配每名学生的具体任务，确保每名学生都能参与到宣传工作中。

活动三：进行前测，生成计划

（1）个人思考：学生根据已知经验，写下他们对广府非物质文化遗产的理解，以及他们认为了解非遗可能会遇到的困难。

（2）小组交流：学生分组交流个人思考的结果，共同讨论需要哪些知识去解决可能遇到的困难。

（3）全班讨论：每个小组分享他们的讨论结果，全班一起生成单元学习计划。将学生提出的问题和困难整理成问题墙，作为后续学习的方向和重点。

（4）诵读练习：小组合作，尝试有感情地诵读广府非遗相关的文本或诗歌。

（5）教师反馈：教师提供发音和语调的反馈，帮助学生改进诵读技巧。

通过这些活动，学生不仅能够更深入地了解广府非物质文化遗产，还能积极参与到非遗的保护和传承中，成为非遗的宣传大使。

【设计说明】

通过介绍和展示广府非遗项目，学生能够直观感受到非遗文化的魅力，从而产生进一步探索和学习的愿望。这一阶段是基础，为后续的深入学习和实践活动奠定情感和认知基础。

在学生对广府非遗有了初步了解和兴趣之后，活动二通过设定成为"广府非遗宣传大使"的任务，将学生的兴趣转化为具体的行动目标。这一阶段，学生需要思考如何通过自己的方式去宣传和保护非遗，这不仅需要他们对非遗有更深入的了解，还需要他们运用创造性思维和团队合作能力。这一阶段是联结认知和实践的桥梁，为学生提供一个将知识转化为行动的平台。

活动三通过前测和生成学习计划，确保学生能够有针对性地解决在学习广府非遗过程中可能遇到的问题和困难。这一阶段是对学生已有知识和能力的检验，同时也是对学习目标和方法的明确。通过小组合作和全班讨论，学生能够共同制订切实可行的学习计划，为后续的深入学习和实践活动提供指导和支持。

子任务一：初识广府非遗

【学习目标】

子观念：广府非遗文化是中国优秀传统文化的一颗璀璨明珠。

新知识：了解广府非物质文化遗产项目及其意义。

新能力：学会查阅资料、调查采访。

【探究问题】

（1）你知道有哪些广府非物质文化遗产项目吗？

（2）如何拟定这个活动的评价表？

【学习活动】

活动一：阅读了解，走访初识

（1）分配任务：教师向学生介绍广府非物质文化遗产的重要性，并分配阅读和搜集资料的任务。

（2）资源搜集：学生通过图书馆、互联网、博物馆等渠道搜集有关广府非遗的资料。

（3）学习支架：教师提供学习策略支架（表12-2），如阅读指南、感兴趣的项目、走访地方、访问对象、关键问题记录、打算深入了解等，帮助学生更有效地搜集和整理信息。

（4）走访准备：教师指导学生如何规划走访路线，准备走访时需要的问题列表，以及如何记录和整理走访所得信息。

（5）实地走访：学生分组进行实地走访，如访问非遗传承人、参观非遗展览或工作坊等。

（6）信息整理：学生将走访所得信息进行整理，形成初步的报告或展示材料。

表12-2 广府非遗学习策略支架

我的阅读书目	我最感兴趣的广府非遗项目	我所走访的地方	我所访问的对象	我对广府非遗提出的关键问题	接下来我打算深入了解

活动二：师生共议，拟定标准

（1）初步分享：学生分享他们在活动一中收集到的广府非遗信息和个人感受。

（2）讨论评价维度：师生共同讨论项目学习过程中应该关注的评价维度，如知识掌握、技能应用、创新思维、团队合作等。

（3）拟定评价标准：根据讨论结果，师生共同拟定具体的评价标准，明确每个维度的评分细则。

（4）评价表制作：将拟定的评价维度和标准整理成一份过程性评价表，供后续学习活动中使用（表12-3、表12-4）。

（5）评价表说明：教师向学生解释评价表的使用方法，确保学生理解如何在学习过程中自我评价和同伴评价。

表12-3 "我是广府非遗宣传大使"评价表

评价维度	过程性评价内容	自评
团队合作	能主动分工协作	☆ ☆ ☆ ☆ ☆
	意见不统一时能讨论解决	☆ ☆ ☆ ☆ ☆
	善于帮助组员前进	☆ ☆ ☆ ☆ ☆

评价维度	过程性评价内容	自评
问题解决	善于发现问题	☆ ☆ ☆ ☆ ☆
	善于思考与实践	☆ ☆ ☆ ☆ ☆
	能有效解决问题	☆ ☆ ☆ ☆ ☆
交际能力	主动表达自己	☆ ☆ ☆ ☆ ☆
	交流逻辑清晰	☆ ☆ ☆ ☆ ☆
创新能力	有独特的想法	☆ ☆ ☆ ☆ ☆

表 12-4 "我是广府非遗宣传大使"小组学习评价表

评价维度	评价内容	组评	师评
明确问题	围绕项目目标提出问题，问题清晰明了	☆ ☆ ☆ ☆ ☆	☆ ☆ ☆ ☆ ☆
设计方案	围绕问题设计合理的、可行的实施方案	☆ ☆ ☆ ☆ ☆	☆ ☆ ☆ ☆ ☆
实践探索	根据方案按计划进行小组分工、实践探究、注意记录	☆ ☆ ☆ ☆ ☆	☆ ☆ ☆ ☆ ☆
形成成果	根据探索用合适的方式形成成果	☆ ☆ ☆ ☆ ☆	☆ ☆ ☆ ☆ ☆
展示成果	展示时思路清晰、表达流畅、富有创意	☆ ☆ ☆ ☆ ☆	☆ ☆ ☆ ☆ ☆
宣传推广	积极宣传推广，自信大方	☆ ☆ ☆ ☆ ☆	☆ ☆ ☆ ☆ ☆

活动三：自我总结，归纳梳理

（1）个人反思：学生回顾在活动一和活动二中的学习经历，思考自己最喜欢的广府非遗项目及其原因。

（2）资料整理：学生整理自己收集的资料，包括阅读材料、走访记录、个人笔记等。

（3）项目选择：学生选择自己最喜欢的广府非遗项目，并准备相关的展示材料，如 PPT、海报、视频等。

（4）归纳梳理：学生将所学知识和个人感受进行归纳，形成对选定项目的深入理解。

（5）展示准备：学生准备展示自己最喜欢的广府非遗项目，包括项目的历史、文化意义、传承情况等。

（6）成果展示：学生在班级或学校范围内展示自己的学习成果，分享对广府非遗的理解和感受。

【设计说明】

阅读了解、走访初识是学习的起点，通过阅读和搜集资料，学生能够获得对广府非遗的初步认识。学生在对广府非遗有了初步了解后，与教师一起商议并拟定项目学习的过程性评价表。这一活动不仅让学生参与到学习评价标准的制订中，增强他们的参与感和责任感，同时为后续的学习活动提供明确的指导和评价依据。学生在前两个活动的基础上，对自己喜欢的广府非遗项目进行深入整理和总结。这一活动要求学生运用所学知识和个人体验，对选定的非遗项目进行深入分析和展示。这个过程不仅巩固了学生对广府非遗的理解，也锻炼了他们的信息整理、批判性思维和表达能力。

子任务二：探寻悠久历史

【学习目标】

子观念：广府非遗中的历史文化值得我们细细品味，表达了人们对美的追求。

新知识：探寻广府非物质文化遗产项目的发展历程以及其中蕴含的文化内涵，初步形成文化自豪感。

新能力：学会动手操作，实践探究。

【探究问题】

如何深入探究广府非物质文化遗产？

【学习活动】

活动一：深层阅读，确定内容

（1）主题确定：学生在教师的指导下，确定自己感兴趣的广府非遗探究主题。

（2）KWH 表使用：教师介绍 KWH 表（即 What I Know, What I Want to know, What I Have learned）的使用方法，并引导学生填写（表 12-5）。

K（What I Know）：学生记录自己对选定主题已有的知识和理解。

W（What I Want to know）：学生列出他们想要深入了解的问题或领域，如项目的起源、种类、传承人等。

H（What I Have learned）：学生在研究过程中记录新获得的知识和信息。

（3）研究方向确定：学生根据 KWH 表，确定更具体的研究方向和问题。

（4）资料搜集：学生利用图书馆、互联网等资源，搜集与研究方向相关的资料。

表 12-5　思维可视化工具 KWH 表

K（我们小组对要研究的内容已经知道什么？）	W（我们对于研究的内容还想知道什么？）	H（我们要如何深入探究？）

活动二：小组分工，制订方案

（1）小组组建：学生根据兴趣和研究方向分组，每组选择一个广府非遗项目进行深入研究。

（2）策略型学习支架：教师提供策略型学习支架，如研究方法指导、时间管理工具、分工协作模板等。

（3）方案讨论：小组讨论并制订具体的研究方案，包括研究方法、时间安排、预期成果等（表 12-6）。

（4）分工明确：根据方案，小组成员进行分工，确保每个成员都有明确的责任和任务。

（5）展示准备：小组讨论并决定展示成果的方式，如 PPT、海报、视频、现场表演等。

表 12-6　广府非遗小组活动方案表

项目名称			
小组		日期	
这个项目要完成的任务是什么？			
为了完成这个项目，我们需要应对哪些具体的挑战？其中最大的挑战是什么？			

我们计划接下来做哪些工作？	
我们需要完成以下工作：	
做什么？	怎么做？
在项目结束时，我们将展示我们的学习目标：	
在项目结束时，我们展示什么？	怎么展示？

活动三：实施方案，形成成果

（1）实践探究：小组根据活动方案，开始实践探究，如实地考察、访谈传承人、参与工作坊等。

（2）资料整理：小组整理搜集的资料和实践探究的结果，形成研究报告或展示材料。

（3）成果制作：小组利用自己喜欢的方式，如制作 PPT、设计海报、剪辑视频等，形成最终的研究成果。

（4）成果审查：教师对小组的研究成果进行审查，提供反馈和建议。

（5）成果展示：小组在班级或学校范围内展示自己的研究成果，分享探究过程和学习体会。

（6）反馈与评价：展示结束后，学生进行自我评价和同伴评价，教师根据过程性评价表进行总结评价。

【设计说明】

这三个活动的设计旨在引导学生从确定研究方向，到小组合作制订研究方案，再到实施探究并形成成果，整个过程强调学生的主动探索、合作学习和创新表达。通过这样的流程，学生不仅能够深入理解广府非物质文化遗产，还能提升自己的研究能力和团队协作能力。

子任务三：分享探究成果

【学习目标】

子观念： 展示广府非遗的方式有多种多样，选择合适的方式来展示。

新知识：学会传承广府非物质文化遗产，选取合适的方式分享并展示自己的探究成果。

新能力：学会动手实际操作、学习艺术设计的方式。

【探究问题】

如何展示并分享探究成果效果最好？

【学习活动】

活动：分享交流，挑选最佳

（1）准备阶段：各小组根据之前的探究活动，准备展示材料，确保内容的完整性和准确性。教师准备成果与展示表现性评价表，明确评价标准，如内容的深度、创意、表达能力、团队合作等。

（2）展示阶段：各小组依次进行展示，每组有固定的时间（如5~10分钟）来展示他们的研究成果。展示形式可以多样化，包括但不限于PPT演示、视频播放、现场表演、实物展示等。

（3）互动阶段：展示结束后，各小组可以互相提问，进行互动交流，以增进对不同非遗项目的理解。教师引导学生进行提问，确保每个小组都有机会被提问和反馈。

（4）评价阶段：教师和学生根据表现性评价表对每个小组的展示进行评价。评价可以采用打分制或等级制，确保评价的公正性和透明性（表12-7）。

表12-7　表现性评价表

评价维度	评价标准	获取星数
内容选择	展示的内容明确，重点突出	☆ ☆ ☆ ☆ ☆
	展示的内容体现发展历程	☆ ☆ ☆ ☆ ☆
	展示的内容体现文化内涵	☆ ☆ ☆ ☆ ☆
语言表达	分享时自然流畅	☆ ☆ ☆ ☆ ☆
宣讲仪态	分享时语速得当	☆ ☆ ☆ ☆ ☆
	分享时自信大方	☆ ☆ ☆ ☆ ☆
会场效果	分享时带动气氛	☆ ☆ ☆ ☆ ☆

【设计说明】

通过本次活动，学生不仅能够展示自己的学习成果，还能通过评比和反馈讲一步提升自己的研究和表达能力。同时，活动也为学生提供一个相互学习和交流的平台，增强班级凝聚力和团队精神。最终，最佳小组的展示项目将成为班级的代表，参与更广泛的文化交流，这将进一步增强学生的自豪感和责任感。

子任务四：弘扬璀璨文化

【学习目标】

子观念：呈现精美的广府非遗文化艺术作品需要小组的合作。

新知识：探寻广府非物质文化遗产项目的发展历程及其中蕴含的文化内涵，初步形成文化自豪感。

新能力：通过宣传和推广广府非物质文化遗产，学生能够增强文化传统的认同感和自豪感。

【探究问题】

（1）如何在班级里有创意地举办广府非物质文化遗产游园会？

（2）如何做一位出色的广府非物质文化遗产宣传大使？

【学习活动】

活动一：商定宣传会方案

（1）时间规划：教师介绍游园会的整体时间框架，包括准备时间、活动日期、活动时长等。

（2）头脑风暴：全班同学分组，每组负责游园会的一个环节，进行头脑风暴，提出创意和方案。

（3）方案整合：各组将头脑风暴的结果汇报给全班，教师和学生共同讨论，整合出最终活动方案。

（4）任务分配：根据最终方案，将具体任务分配给各小组或个人，确保每个环节都有人负责。

活动二：班际交流，快乐游园

（1）活动宣传：通过海报、校园广播等方式宣传游园会，吸引更多班级和学生参与。

（2）游园会布置：按照活动方案布置游园会现场，包括摊位设置、装饰、指示牌等。

（3）活动执行：各班级根据分配的任务执行游园会活动，如非遗项目展示、互动游戏、表演等。

（4）班际交流：鼓励不同班级之间进行交流，分享各自的非遗项目和文化。

（5）投票评选：设立投票环节，让学生投票选出他们认为最佳的广府非遗游园项目。

（6）颁奖仪式：根据投票结果，举行颁奖仪式，表彰最佳项目。

活动三：交流总结，促进成长

（1）4C 表准备：教师准备 4C 表，引导学生进行反思（表 12-8）。

（2）个人反思：学生根据 4C 表进行个人反思，总结在游园会中的学习经历和成长。

（3）小组讨论：学生分组讨论，分享各自的反思结果，互相学习和启发。

（4）班级分享：每组选派代表在全班分享小组的总结和反思。

（5）教师点评：教师对各组的分享进行点评，提供反馈和建议。

表 12-8　思维可视化工具 4C 表

联系（通过对比以往其他的活动，谈开展这次活动的感受）	质疑（你还有什么疑惑？）	观点（如何传承广府非物质文化？）	变化（过去我认为……现在我认为……）

【设计说明】

这三个活动的设计旨在通过全班同学的共同参与和合作，从策划到执行再到反思总结，形成一个完整的学习体验，学生不仅加深对广府非物质文化遗产的了解，而且锻炼了组织、协调和反思能力。

探寻非遗及学习反思

【学习要点】

单元学习总结和反思。

【学习活动】

（1）小组头脑风暴，谈谈这次活动的收获。

（2）将这次活动的成果收集好，形成班级的成果汇集，在学校舞台进行非遗展示。

【设计说明】

成果集能够让学生看到自己的作品被收录在书中，增强成就感和自信心。团队合作和编辑整理过程能够培养学生的协作精神和编辑能力，提升跨学科实践能力。

五、教学反思

教前反思

1. 基于驱动性目标问题的反思

本次大观念课程学习"探寻非遗"是利用问卷星设计名为"小学高年级学生对非遗及广府非遗的认知现状"的调查。基于现状的调查，了解到学生对广府非遗文化了解甚少，从而确定项目的主题："广府文化，非遗拾取——广府非遗游园会"，进而引导学生在实践活动中设计本次大观念课程学习的驱动性目标问题——"如何有创意地举办广府非遗文化游园会，做一名出色的非遗文化宣传大使"。此驱动性目标问题具有情境性、挑战性和开放性。

本次大观念课程学习以"有创意地举办广府非遗游园会"为真实情境，旨在让学生发现身边的非遗与中国文化的联系。在此项目学习过程中，学生带着核心驱动问题，有效地解决探究过程中的复杂问题、发展高阶思维和形成正确的文化价值观，这些都极具挑战性。此外，学生对驱动性问题能从多角度去理解，从而寻求多样化的解决方法，构成开放的人际互动。

2. 基于学情的反思

按照布鲁姆认知领域教学目标的分类，本次大观念课程学习不仅注重学生的记忆、理解、应用层面的思维的提升，更注重学生分析广府非遗文化的深厚底蕴的积累，学生的核心素养能力也会在此项目中实现质的飞跃。

中期反思

从明确问题、设计方案、实践探索、形成成果、展示成果到宣传推广，学生都以小组探究的形式，积极参与举办广府非遗游园会活动。学生在参与活动的过程中，也会遇到许多问题，如遇见意见不统一时会讨论，并在这几个自我评价维度中形成一幅雷达图，有效地检验自己在广府非遗活动中的学习效果。整个过程中，学生既是组织者、策划者，又是参与者、体验者。在学生心中，广府非遗这一陌生的概念渐渐变得亲切、鲜活起来。这对于坚定学生的文化自信，引领学生走近、了解、热爱并且传承非遗，起到了积极作用。

教后反思

本次广府非遗大观念课程，前后历时一个半月，时间长，内容多，学生表现出了极高的热情，无论是前期的阅读筹备、实地走访，中期的成果展示、汇报，还是后期的举办游园活动，学生都全身心投入。最后，班级投票确定展示"广绣"主题，学生又紧锣密鼓地开始熟悉广绣、了解广绣。

学生研究广绣的演绎过程，亲手接触广绣，从一开始的手忙脚乱到慢慢摸清广绣的操控技巧，原本完全是门外汉的学生着实花费了一番功夫。从探寻非遗、设计方案，到材料准备、人员培训、人手分工，再到今天喜迎各班来客，整个过程中，学生既是组织者、策划者，又是参与者、体验者。

尽管这些成品依然非常稚嫩，然而在学生心中，非遗这一陌生的概念渐渐变得亲切、鲜活起来。这深深蕴含学生对非物质文化遗产的热爱，对传播和传承非物质文化遗产这一光荣使命责无旁贷的担当意识。这对于坚定学生的文化自信，引领他们走近、了解、热爱并且传承非遗，起到了积极作用。期待我们今天为非遗的传承而播撒的希望火种可以在学生心里长明！